GUARDIÕES DO CARMA - A MISSÃO DOS EXUS NA TERRA

Copyright © 2017 by Wanderley Oliveira

1ª edição | Agosto 2017 | do 1º ao 6º milheiro
5ª Reimpressão | Abril 2021 | do 19,5 ao 20º milheiro

Dados Internacionais de Catalogação Pública (CIP)

ANGOLA, PAI JOÃO (Espírito)

Guardiões do carma - a missão dos exus na terra;
Pelo espírito Pai João de Angola; psicografado por Wanderley Oliveira
1ª ed. - Belo Horizonte: Dufaux, 2017

290 pág. - 16 x 23 cm     ISBN: 978-85-63365-92-7

1. Espiritismo     2. Espiritualidade     3. Relações humanas

I. Título     II. OLIVEIRA, Wanderley

CDU – 133.9

Impresso no Brasil    Printed in Brazil    Presita en Brazilo

**EDITORA DUFAUX**
Rua Contria, 759, Alto Barroca
Belo Horizonte – MG - Brasil CEP: 30.431-028
Telefone: (31) 3347-1531
comercial@editoradufaux.com.br
www.editoradufaux.com.br

 Conforme novo acordo ortográfico da língua portuguesa ratificado em 2008.

Todos os direitos reservados à Editora Dufaux. É proibida a sua reprodução parcial ou total através de qualquer forma, meio ou processo eletrônico, sem prévia e expressa autorização da Editora nos termos da Lei 9.610/98, que regulamenta os direitos de autor e conexos.

Adquira os exemplares originais da Dufaux, preservando assim os direitos autorais.

# GUARDIÕES DO CARMA

## A MISSÃO DOS EXUS NA TERRA

PSICOGRAFIA DE
**WANDERLEY OLIVEIRA**

PELO ESPÍRITO
**PAI JOÃO DE ANGOLA**

Trilogia
**ESPÍRITOS DO BEM**

Série
Espíritos do Bem

# SUMÁRIO

**INTRODUÇÃO: EMBAIXADORES DO CRISTO, A MISSÃO DOS EXUS**
MARIA MODESTO CRAVO - PÁG. 8

**PREFÁCIO: SALVE OS EXUS, MAGOS DO ALÉM!**
PAI JOÃO DE ANGOLA - PÁG. 14

**APONTAMENTOS SOBRE EXUS E GUARDIÕES**
WANDERLEY OLIVEIRA - PÁG. 18

**A REALIDADE É OUTRA**
MARIA JOSÉ DA COSTA - PÁG. 24

## 1. O LENÇO DOURADO
PÁG. 28

## 2. REENCONTROS E ACERTOS CÁRMICOS
PÁG. 32

## 3. DIÁLOGO MEDIÚNICO COM UM EXU PAGÃO
PÁG. 50

## 4. EURÍPEDES BARSANULFO, AS FALANGES DE EXUS E A MISSÃO DA UMBANDA
PÁG. 64

## 5. EXUS E GUARDIÕES, OS REGENTES DOS CARMAS
PÁG. 82

## 6.
### SOCORRO ESPIRITUAL NA GIRA DE EXU COM ZÉ PELINTRA
PÁG. 104

## 7.
### UMBANDA E ESPIRITISMO: ASAS DE EVOLUÇÃO DO CONSOLADOR PROMETIDO
PÁG. 124

## 8.
### CONGRESSO DE EXUS PROMOVIDO POR EURÍPEDES BARSANULFO NO HOSPITAL ESPERANÇA
PÁG. 144

## 9.
### PROTEÇÃO DE EXU PARA UMA ORGANIZAÇÃO FEDERATIVA
PÁG. 178

## 10.
### PRAZO DE VALIDADE NAS MISSÕES PERANTE A VIDA
PÁG. 206

## 11.
### MARIA MULAMBO, A CONDUTORA DOS DESTINOS NO AMOR
PÁG. 230

### 100 ENSINOS DE EXUS QUE TRABALHAM COMO EMBAIXADORES DO CARMA
PÁG. 246

### ENTREVISTA COM EXU TRANCA RUAS DAS ALMAS
PÁG. 266

INTRODUÇÃO

# EMBAIXADORES DO CRISTO, A MISSÃO DOS EXUS

*"As regiões inferiores jamais estarão sem enfermeiros e sem mestres, porque uma das maiores alegrias dos céus é a de esvaziar os infernos."*

*No mundo maior, cap.17 - André Luiz / Chico Xavier.*

A Misericórdia Divina nunca esteve tão intensa na face da Terra como nos dias atuais. Ninguém fica abandonado, pois não existe orfandade no mundo espiritual.

Nesse momento, a ordem do Cristo é a de dar socorro e acolhimento até mesmo àqueles que desejam a maldade. Imaginem quanta luz Ele deposita no coração daqueles que se equivocaram com os vícios ou com a invigilância.

Se alguém ficasse desamparado pelas Forças Divinas, a vida não teria mais razão de ser. A proteção e as bênçãos em favor dos caminhos evolutivos de todos os seres vivos é a alma do universo, a mola propulsora do progresso e a essência de Deus em nós.

Duas trombetas soaram nos infinitos em direção aos pátios mais sombrios das dimensões astrais: uma é a da misericórdia, a outra é a da justiça. Ambas são estradas de acesso ao amor e à libertação consciencial.

Os mensageiros da misericórdia abraçam todos os continentes, espalhando ações de bondade em favor da dor humana.

As sentinelas da justiça, por sua vez, cumprem mandatos e intimações a fim de que a Lei do Carma aplaine novas e mais promissoras estradas no futuro do planeta.

A misericórdia abranda.

A justiça corrige.

A misericórdia limpa os charcos da inferioridade.

A justiça desmantela as organizações que alimentam a maldade.

Nesse cenário, a figura histórica dos exus[1] cumpre, com excelência, o papel dos executores do carma.

São espíritos preparados na arte de reorganizar o caos dos contextos mais complexos nos quadros da vida social.

Eles são implacáveis, determinados e severos sempre que necessário; no entanto, equilibram-se continuamente no fio da honestidade. Sabem exatamente o que corrigir quando alguém abusa; como cooperar ao faltar apoio; como buscar, nas dobras quânticas do tempo[2], a razão de alguma dor, com profunda noção de causa e efeito, o que lhes permite servir como agentes da lei cármica.

Exercem um trabalho muito especializado nas furnas do mal, enfrentando situações extremamente hostis. Deve-se ter muito amor no coração para realizar o que só os exus são capazes de fazer, pois, graças a eles, o amor está presente nas trevas.

Nosso intuito, nesta obra, foi o de reunir algumas informações que colaborem para o resgate da imagem dessas entidades que, injustamente, são associadas a criaturas do mal, seres diabólicos e indesejáveis, como também mostrar os bastidores da ação dos exus sobre os dois planos da vida. Falar de suas qualidades e habilidades é um desafio

---

1 "Exu" é o Orixá africano da comunicação, da paciência, da ordem e da disciplina. É o guardião das aldeias, das cidades, das casas, do axé, das coisas que são feitas e do comportamento humano. Ele é quem deve receber os recursos energéticos em primeiro lugar, a fim de assegurar que tudo corra bem e que sua função de mensageiro entre o Orun (o mundo espiritual) e o Aiye (o mundo material) seja plenamente realizada. (N.E.)

2 O termo "dobras quânticas do tempo" pode estar relacionado à possibilidade de outras dimensões da experiência de dor – inclusive de convivência simultânea à nossa realidade. O termo não é conhecido, mas pode ser associado à compreensão da mecânica quântica aplicada à gravitação e à Teoria de Tudo, hoje estudada pelos cientistas, mas ainda incompreensível. As dobras poderiam ser os colapsos quânticos que permitiriam as trocas de dimensões por intenções deliberadas dos espíritos conscientemente envolvidos, os quais visitariam as regiões não acessíveis àqueles que não tivessem a condição de fazê-lo.

muito complexo. Por mais que nos esforcemos, faltarão palavras no vocabulário humano para descrever as quase inimagináveis forças de ação inerentes a esses soldados do bem.

Nas estratégias da transição planetária, existem planos muito bem organizados por parte dos arquitetos espirituais à fase de regeneração. Não se constrói um novo pensamento, uma nova cultura e/ou um novo orbe sem objetivos claros e bem definidos pelas Leis de Deus, e tais propósitos necessitam de iniciativas e de ordem.

Hoje, as reencarnações missionárias de espíritos lúcidos e afinados com a proposta de Jesus encontram-se em plena execução na Terra, assim como as intervenções espirituais necessárias junto aos governos influentes, as ações dos servidores da luz para a decadência de organizações que envenenam a humanidade com a maldade, as limpezas e as reorganizações sociais das regiões subcrostais do astral e a marcante e decisiva atuação das elites intergalácticas que oferecem suporte ao momento decisivo do planeta.

Em meio a tantas medidas de cunho geral, os exus tiveram o aval dos Guardiões Espirituais do mais alto para acelerar a aplicação da justiça, aplainando o caminho em direção a momentos novos.

Diante da acomodação coletiva e individual nas sociedades de todos os continentes, fazia-se necessário agitar o barro da moral indolente, depositado no fundo da mente de bilhões de almas reencarnadas e também desencarnadas. E nada melhor para provocar esse agito depurador do que liberar as contas cármicas, ou seja, levantar as necessidades de acerto com a Lei de Causa e Efeito. Pessoas negligentes caminham seguramente para o egoísmo e os tempos novos do planeta exigem desprendimento, postura altruísta e ativa. A dor nesse cenário cumpre papel edificante.

Porém, a liberação dessas contas exige vigília e medidas justas para conduzir a personalidade acomodada a novos aprendizados. Os exus cumprem esse papel de forma irretocável. São senhores do carma, sentinelas da justiça e entidades que servem ao amor nos terrenos mais ásperos dos caminhos humanos. Em suas mãos se encontram boa parcela das intimações de prestação de contas, mandatos de expiação ou alforria e várias outras iniciativas de cunho corretivo e disciplinador que são aplicadas com excelentes e saudáveis resultados ao bem.

Cientes de que as raízes profundas do mal que se alastra no mundo físico estão nas zonas astrais da crueldade intencional, cabe aos exus mergulhar nos labirintos e portais do submundo para trabalhar por dias melhores e pela reorganização das esferas onde se localizam a desordem e o desamor.

Que nossa despretensiosa colaboração, representada pela fala bendita de pai João de Angola, possa lançar alguma luz sobre a missão gloriosa entregue em nome do Cristo aos exus para esvaziar os infernos, como assevera o benfeitor Calderaro.

Eu, servidora do Cristo e amante do bem, abençoo todos em nome de Jesus.

Maria Modesto Cravo
Belo Horizonte, maio de 2017.

PREFÁCIO

# SALVE OS EXUS, MAGOS DO ALÉM!

Em altas horas, no silêncio da madrugada, lá vão eles, sem temor, por entre o tumulto e a ilusão nas sombrias encruzilhadas da vida.

Nas vielas e bordéis que se vestem de palácios de ouro ou nas choupanas do vício e da luxúria, seguem eles com olhos bem abertos.

Lá vão eles, senhores exus, de pose alegre e palavras de arrepiar, com a missão de desembaraçar a vida de muita gente.

Cantando o bem e distribuindo axé[1], são os soldados ativos e benfeitores, magos do bem e capitães libertadores.

Seja homem forte, franzino ou "matutão", mulher ligeira – como Maria Padilha ou Cigana das Sete Saias –, são todos guerreiros e guerreiras do Senhor com olhos de felino, coração de leão e força de garanhões.

---

1 "Axé" é uma palavra originada na língua Yorubá que significa poder, energia, realização ou forças presentes em cada ser ou em cada coisa. Nas religiões afro-brasileiras, o termo representa a energia sagrada dos Orixás. Também pode significar Vida, a energia do astral superior que emana de Deus do Universo. (N.E.)

"Laroyê!"[2]  – dizem os aflitos, pedindo a eles a proteção. – "Mojubá!"[3].

"Aqui estamos, compadre!" – respondem os exus em sinal de acatamento e respeito.

E do alto das clareiras, nos nobres planos da vida, onde brilha a luz dos olhos de Jesus, um raio desce em direção aos pântanos da dor e da loucura humana, iluminando o passo de cada exu que tem a humildade de fazer o que muitos, sequer, saberiam começar.

Salve os magos do bem! Salve os exus, magos do além! São forças brutas descomunais nos caminhos que exigem coragem e determinação.

Benfeitores e mensageiros de Oxalá.[4]

Salve os Orixás das sombras, eleitos pela vida para fazerem a roda andar quando a evolução trava, pois os exus são movimento e transporte de Graças Divinas para o caminhar.

Em lugares sombrios onde pouca gente consegue entrar, eles avançam com sua magia e destemor. São agentes petulantes e sabidos, senhores da alegria e da coragem.

Ninguém vê um exu triste ou sombrio. Seu sorriso é defesa pura, sua música é ciência que destrói as forças da maldição.

---

2 "Laroyê": saudação de origem Yorubá, sem tradução precisa na língua portuguesa, que pode ter os significados de "olhai por mim", "guarde-me", "proteja-me" ou "vamos trabalhar".

3 "Mojubá": "Seja bem-vindo!", uma reverência de respeito à entidade. A palavra também é comumente utilizada como um título, uma louvação que significa respeito e reconhecimento da grandeza e magnitude da entidade Exu.

4 "Oxalá": Orixá da criação, da procriação, sincretizado com Jesus Cristo; é a divindade suprema do panteão Yorubá. Palavra de origem árabe, cujo significado é "se Deus quiser", "tomara" ou "queira Deus".

Em nome do Mestre Oxalá, exus *trabaiam* de dia e de noite sem *pará*, limpando as traças, rompendo a couraça de espessa treva nas armadilhas da perdição, desfazendo feitiços e maldades.

Exus são causadores da luz, zeladores das contas cármicas e defensores da paz.

Enquanto os homens aguardam a justiça de Xangô[5] nos reinos elevados dos prudentes e sensatos, os exus são aplicadores da lei que retiram o mal onde é para florescer lírios de bondade. Eles aproximam o bem de quem cultiva o canteiro da vida com as boas obras.

Onde a luz do amor não penetra, por respeito aos costumes do mal, eles são cartas que vêm do mais alto com uma mensagem de Deus para onde for, regendo e conduzindo os destinos de todos nós.

É com reverência aos seus serviços em nome do amor que pedimos a Oxalá toda força e purificação aos destinos dessas almas que servem à luz, destacados para sanear os pátios do purgatório e do inferno profundo em nome de Jesus.

Salve os magos do bem! Salve os exus, magos do além!

Pai João de Angola
Belo Horizonte, maio de 2017.

---

5 "Xangô" é o Orixá da justiça, dos raios, do trovão e do fogo.

# APONTAMENTOS SOBRE EXUS E GUARDIÕES

O médium umbandista Rubens Saraceni[1] e o escritor universalista Roger Feraudy[2] são duas das muitas referências de autoridade no tema dos exus. Ambos nos legaram um farto material de estudo à luz da Umbanda em suas várias obras. Quem deseja aprofundar suas pesquisas pode procurar pelos livros desses autores consagrados, dentre outros. Neste texto farei apenas algumas considerações elementares e práticas sobre o assunto, no sentido de colaborar com o entendimento da mensagem de Pai João de Angola nesta obra.

O primeiro e importante esclarecimento é sobre esses espíritos – os exus – que, em virtude da cultura religiosa, foram associados às criaturas com intenções e feições diabólicas; porém, eles não têm chifres ou aparência demoníaca, são seres humanos fora da matéria e não fazem o mal. Os espíritos que estão acostumados a se dizerem exus e fazem o mal, associados a falanges dos magos negros ou cientistas do mal, são escravizados, assalariados ou mais conhecidos na Umbanda como quiumbas – desordeiros e marginais no mundo espiritual.

---

1 Rubens Saraceni": médium e escritor brasileiro. Fundador do Colégio Tradição de Magia Divina, o qual se destina a dar amparo aos magos iniciados nas magias abertas aos planos material e espiritual.

2 "Roger Feraudy": odontólogo aposentado, é mais conhecido por sua atuação nas áreas artística e literária. Escritor versátil de prosa e poesia, é bastante renomado, especialmente pelos títulos "Serões do Pai Velho" e "Umbanda, essa Desconhecida", livros que já se tornaram clássicos da Umbanda Esotérica.

Os quiumbas são espíritos ainda muito ligados às sensações físicas e alguns carregam perturbações mentais e emocionais graves. Em geral, são corruptos e se apropriam de nomes de entidades de grande expressividade nas regiões astrais inferiores para poderem se impor. Utilizam o nome dos dragões, dos exus e até de entidades de grande elevação espiritual. Costumam usar aparência assustadora e transfiguram-se nas mais bizarras formas para causar medo e abusar das pessoas por meio de intimidações e cobranças descaridosas.

Mas o tema "exus" é muito complexo. Mesmo aqueles que são graduados Guardiões, por algum motivo ou necessidade, podem possuir ou mesmo se utilizar de uma fisionomia de impacto, pertencente a um conjunto de regras estabelecidas, inerente às suas hierarquias, que deve ser observado. Apesar de não possuírem chifres, tridentes e aparência diabólica, alguns desses trabalhadores podem adotar algo dessas expressões, nem sempre estéticas e até intimidadoras, para o cumprimento de suas atividades em regiões do submundo. Além disso, como já mencionei, muitos exus são espíritos que obedecem a um fundamento sagrado da Umbanda e usam paramentos, rituais, instrumentos, cantos e pontos[3], conforme a orientação de suas ordens comunitárias.

Durante muitas décadas, médiuns despreparados e mal orientados, que se dizem umbandistas, reforçaram a imagem dos exus como espíritos que usam palavrões, não trabalham sem fumar, bebem demais, são mal-educados e realizam tudo o que for pedido a eles, incluindo o mal.

---

3 "Pontos" de Umbanda são músicas que precisam ser entoadas com cadência específica, pois a harmonia deles é fundamental para favorecer a produção da energia necessária, a fim de trazer luz à vinda dos guias e protetores espirituais, e também para que os atendimentos realizados tenham êxito.

Também no Espiritismo, por conta dessa cultura popular, alguns médiuns, sem um conhecimento mais profundo, permitem uma demonstração com comportamentos agressivos e nada éticos. Essas manifestações grotescas que ocorrem pela incorporação mediúnica pertencem mais aos conflitos interiores ainda não resolvidos dos médiuns. São expressões anímicas deles próprios e frutos da associação às limitações desses quiumbas que atuam como exus.

Portanto, essa estrutura cultural, formada no mundo físico, é a responsável pelas manifestações mediúnicas rudes e até vulgares, e os exus não são assim. É fato que eles são de temperamento forte, às vezes até agressivos, mas nesse caso, mesmo com algumas condutas menos polidas, estão a serviço dos orientadores da luz e sob acompanhamento cuidadoso, porque a função dessas entidades é executar tarefas de alcance vibratório muito pesado. Podem ocorrer casos em que alguns desses espíritos estejam no início de uma mudança para melhor, meio lá, meio cá, no que diz respeito a trabalhar para o bem. Essa classe, porém, não retrata o sentido mais coerente e abrangente dos exus que, dentro da ação exclusiva no bem, comporta uma variedade enorme de graus de elevação, como veremos mais adiante.

Observa-se, atualmente, um movimento cultural e religioso para resgatar a imagem original desse grupo de espíritos. Na Umbanda, na Antropologia, no Espiritismo, bem como em outras comunidades espiritualistas, seja por meio da psicografia ou de pesquisadores sérios, já se começa a desenvolver um conceito mais verdadeiro e fiel à realidade espiritual desse grupo de trabalhadores.

Os exus são considerados, pelos pesquisadores da Umbanda, como Guardiões da Lei de justiça, da ordem e da disciplina, e no Candomblé como Orixá, uma força da natureza representativa do elemento ativo, vitalizador, a força *yang*. Claro que essa colocação é apenas uma síntese. O assunto é vasto e esta minha fala é meramente didática, para uma compreensão superficial, e tenho consciência de que meus irmãos umbandistas e candomblecistas vão entender minha colocação simplória.

Os exus também podem ser conceituados como uma linha vibratória cósmica cujo propósito é abrir caminhos para o equilíbrio. Nessa abordagem, que é milenar, eles são energias e, por sua vez, as entidades que se manifestam mediunicamente afinadas com esse traço vibratório são os procuradores desses princípios vibracionais maiores, dos chamados Orixás ou vibrações cósmicas. Nessa ótica, a palavra Guardião é a que melhor define os trabalhos espirituais dos exus e, nessa função de cumpridores da justiça e da ordem, assemelham-se com nossa linguagem humana – são policiais do astral, organizadores do caos.

A experiência tem demonstrado que "sem exu, nada se faz", jargão bem conhecido entre os umbandistas. E não deixa de ser verdade. Nas equipes de Bezerra de Menezes, Maria Modesto Cravo, Eurípedes Barsanulfo, Ermance Dufaux, André Luiz e várias outras entidades espirituais, muito conhecidas nas comunidades espírita e espiritualista, temos sempre a presença dos Guardiões. Eles cumprem, principalmente, as funções de defesa, limpeza energética mais densa e ação disciplinadora. No entanto, querer relacionar todas as capacidades e tarefas por eles realizadas seria limitá-los.

Os exus e Guardiões têm dois traços emocionais em comum: a força e a justiça. Isso lhes confere um comportamento transparente, corajoso e firme no que dizem e fazem, mas, necessariamente, não significa a perda da elegância ou o uso da violência. Pode-se afirmar que temos alguns exus que são Guardiões, embora nem todo Guardião seja exu. Os Guardiões podem alcançar níveis mais abrangentes de responsabilidades. A função de ambos, independentemente dessa abrangência, é a de serem agentes do equilíbrio e da ordem universal, objetivando a segurança pessoal e coletiva. Na Umbanda, costuma-se designar como exus de trabalho aqueles que incorporam – Exu de Lei[4] – e os que não incorporam – Exu Guardião[5] – como sendo os condutores e orientadores dos serviços. Algo muito pertinente ao que Pai João de Angola revela em seus textos. Outras denominações para esses dois grupos são as de Exu Pagão, Exu Batizado ou Coroado; porém, repito, esse assunto é muito vasto e não se resume somente a isso. Faz-se necessária uma pesquisa mais ampla, o que não é o objetivo aqui.

Além desses traços emocionais, são espíritos com poder mental muito desenvolvido. Na maioria dos casos foram médiuns, alquimistas, magos, bruxos, exímios manipuladores de energia em suas encarnações passadas.

Existem também os Exus Pombagiras[6], que trabalham com a força feminina, sempre buscando o equilíbrio, seu objetivo primordial.

---

4 Os "Exus de Lei" são espíritos que um dia estiveram sem rumo e que podem ter trabalhado negativamente, mas ao se aproximarem da Lei da Umbanda, mudaram sua forma de pensar e de agir, passando a ser grandes trabalhadores do bem. São espíritos fortes e, quando necessário, podem usar meios duros para afastarem e punirem os indesejáveis.
5 De acordo com alguns pesquisadores, os "Exus Guardiões" são entidades de hierarquia superior que coordenam os trabalhos das legiões da luz. Eles deliberam e acompanham todas as interseções e atuações da falange.
6 As "Pombagiras" são entidades vistas como a personificação das forças da natureza. Ela equivale à força feminina de exu, especializada em amor e relacionamentos por ser a Orixá do desejo e dos estímulos. Têm personalidade forte, são poderosas e não se submetem ao machismo, ao capricho ou à vaidade dos homens ou de qualquer pessoa.

Esses são alguns apontamentos, com o único propósito de tornar um pouco mais claro o tema dos exus e suas variantes; no entanto, abro mão completamente de querer concluir o assunto que é de muita complexidade, exigindo muito estudo e experiência mediúnica para uma melhor compreensão do tema.

Que os ensinos de Pai João de Angola possam contribuir no resgate da verdade sobre o papel humano e reorganizador dessas entidades nessa hora de transição planetária.

Wanderley Oliveira
Belo Horizonte, maio de 2017.

# A REALIDADE É OUTRA

Interessante como a espiritualidade trabalha para ampliar nosso aprendizado a fim de que possamos perceber que muitas coisas não são como as compreendemos. Eles apresentam a nova ideia a diversos núcleos de trabalho e, depois de algum tempo, as confirmações que validam essa ideia acontecem.

Fui tomada por grande surpresa ao receber esta obra para análise editorial porque aconteceu novamente um fato muito interessante. Antes de saber do conteúdo que estava sendo psicografado pelo médium, recebi, em outro grupo que frequento, como trabalhadora da mediunidade, propostas de trabalho que acabaram por me aproximar do tema dos exus.

Esclareço que esse grupo faz parte de uma instituição muito séria e respeitada nacionalmente, está sob a direção de estudiosos, experientes coordenadores e participantes que mantêm mentes e corações abertos às novas faces da Verdade, sempre comprovadas pela lógica, razão e bom-senso.

Numa noite de reunião, percebi uma entidade muito diferenciada, que ora se parecia com uma figura demoníaca, ora assumia uma aparência normal, de um homem forte e de fisionomia muito séria. Logo que o percebi, achei que era alguma entidade que vinha para ser atendida. Ao buscar orientação com o mentor que me acompanha e que supervisiona nosso trabalho mediúnico, ele me pediu que relatasse ao dirigente a percepção. À medida que o descrevia, percebi que o espírito se aproximava mais e fui orientada, pelo amigo espiritual, a informar a necessidade da psicofonia, que foi logo permitida.

Ele se identificou como um exu e disse que sua presença se dava com o objetivo de apresentar uma proposta de trabalho da coordenação espiritual da reunião que, se aceita, nos levaria a uma posição de crescimento e novos aprendizados. Fazia-se mensageiro de uma parceria a fim de participarmos de atividades de resgate de espíritos que seriam preparados para a deportação e colocados em uma posição de maior consciência durante o degredo e, consequentemente, desenvolvendo uma condição mais favorável de recomeço. Esclareceu que, para impor medo nos agentes das trevas e conseguir trabalhar com mais eficácia, ele assumia a forma demoníaca ao entrar nos núcleos da maldade nos abismos.

Após o término da reunião, o convite foi apresentado ao grupo e se constatou que, antes de decidir aceitar ou não a proposta, havia a necessidade de aprofundar o tema. Um dos coordenadores, mais experiente, se propôs a estudar e nos apresentar uma ideia mais ampla sobre o assunto.

Nas duas reuniões seguintes, além de nos esclarecer sobre o perfil dos exus e sua real atuação, recomendou-nos o estudo de três obras importantes sobre o tema. Assim foi que tomamos contato com um pouco da realidade em torno dos exus e começamos a perceber que ela era outra. Logo depois, optamos por aceitar a nova proposta de trabalho. Isso ocorreu quatro meses antes de receber este livro para análise. Daí minha surpresa, pois se repetia o mesmo processo de preparação pelo qual passei, sem o saber, para ter mais uma injeção de ânimo, menos preconceito e abrir meu coração sobre os exus e seus trabalhos.

Dentre as pesquisas complementares que consegui realizar, reproduzo aqui a fala de Norberto Peixoto em seu livro *Exu, o poder organizador do caos*:

> "Assim aconteceu um sincretismo às avessas e Exu acabou sendo o único Orixá que deixou de sê-lo após a inserção no Brasil. Na diáspora, houve hibridismos e metamorfoses, um caldeamento de culturas que gerou o domínio da cultura predominante – na época a católica – que estabeleceu a enculturação, um método proposital de introduzir a cultura religiosa detentora de poder de conversão, aviltando os aspectos culturais de um determinado povo dominado, submetendo-os aos do dominador. Desta forma, o clero eclesiástico romano foi o grande articulador da escravização da África, pois era melhor ser escravo e ter uma chance de catequização – e ser salvo – a continuar na África e ir para o inferno".

Não tenho dúvida de que as informações passadas sobre os exus não correspondem ao que são e o que fazem, e digo isso sem conhecer plenamente o que há sobre o assunto. A diferença, agora, é que tenho consciência de que a verdade sobre esse tema é outra e pede de todos nós abertura mental para o estudo.

Ainda sobre eles, e para ampliar nossa capacidade de análise, trago outro trecho da obra acima referida que nos apresenta uma faceta muito surpreendente dessas entidades. Ressalto que os grifos são meus:

"Os verdadeiros Exus da Umbanda são espíritos que, **de tanta humildade**, nem mesmo se melindram com essas distorções grosseiras das quais são vítimas; estão sempre prontos para penetrar em ambientes onde outros espíritos já mais evoluídos teriam dificuldades para ir, em virtude do descenso vibratório que se faria necessário. Transitam com desenvoltura pelos mais intrincados caminhos do umbral inferior **investidos pela proteção de serem representantes do Cristo da Luz**, resgatando aqueles espíritos que se fazem merecedores após esgotarem sua negatividade nos lodaçais umbralinos. Quando lhes é conveniente, utilizam-se inclusive da roupagem fluídica que lhes é imputada pelas crendices populares, que podem transformá-los visualmente em criaturas de 'meter medo' até nos maiores crentes do Astral inferior ou nos desavisados que possuem a mediunidade de vidência".

Muitos questionamentos ainda virão, e a forma mais legítima para respondê-los será nos dedicarmos mais ao estudo do tema que tem levantado a ponta do véu em torno da verdade sobre os exus.

Peço desculpas ao leitor, pois abri um espaço complementar sobre os assuntos tratados, em forma de notas de rodapé. Como quase leiga do assunto, ao me deparar com algum termo que desconhecia, busquei saber o que significa e acabei por introduzir muitas notas.

Rogo a Jesus que nos ampare no desejo de abrir nossa mente para aprender e progredir, mesmo que esse processo venha de professores e amigos inesperados.

Maria José da Costa
Belo Horizonte, maio de 2017.

CAPÍTULO 1

# O LENÇO DOURADO

Tudo começou quando ainda não tinha completado oito anos de idade.

A princípio a visão nublava, e em seguida silhuetas de pessoas, objetos e, em alguns segundos, coisas muito estranhas aconteciam.

Observava uma ferida em alguém e via datas por escrito no local machucado. Outras vezes percebia objetos perfurantes ligados às lesões. Sabia qual remédio usar e onde encontrá-lo na natureza.

Olhava nos olhos de alguém e enxergava outra pessoa, em época remota, com roupas de outro tempo. Sabia dizer quem era avô, bisavô, tataravô e mais cinco antecedentes da genealogia das pessoas.

Ao me assentar na sala de aula, tudo sumia na minha vida mental, a ponto de não ouvir a professora me chamar. Nesses momentos, em algumas ocasiões, falava em outras línguas e assustava toda a classe. Quando voltava, não me lembrava de nada.

Acordei várias vezes durante a noite cercada de pessoas que não sabia quem eram.

Podia dizer dia, hora e ano de nascimento das pessoas que não conhecia.

O medo passou a dominar minha infância por eu ser tão diferente e sempre procurava me esconder, fugindo do convívio de todos. Tapava meus olhos na tentativa de não ver aquelas cenas, mas em vão. Meus pais, coitados, já não sabiam mais o que fazer.

Até que, certa noite, o espírito de vovó Gitana, que fora uma cigana, apareceu para mim. Eu não a conhecia, pois havia morrido anos antes do meu nascimento.

Ela chegou de mansinho, afagou minha cabeça e disse:

— Não tenha medo, Maria. Peça a seu pai para comprar um lenço dourado. Toda vez que suas vistas nublarem, colo-que-o sobre os olhos e pense em Deus.

Foi assim que começou a história do lenço dourado em minha vida, o qual passou a ser meu melhor instrumento de clarividência no tempo e no espaço, totalmente sob meu controle. Eu sentia Deus no lenço. Meu amuleto de proteção tornou-se também minha arma de identificação.

Maria Mulambo das Almas.[1]

---

1 "Maria Mulambo das Almas" designa uma falange de Pombagiras de grande poder. Segundo o médium, a Maria Mulambo do livro teve várias encarnações no Egito e, posteriormente, na Espanha.

CAPÍTULO 2

# REENCONTROS
## E ACERTOS CÁRMICOS

A sessão mediúnica do Centro Espírita Luz e Amor estava marcada para começar às vinte horas. Luiz, doutrinador e coordenador da tarefa, conversava com a equipe na sala de reunião enquanto os componentes chegavam, pouco a pouco.

Nossas atividades de organização, fora da matéria, visavam a socorrer o dirigente daquele grupo que, por invigilância e ganância, se envolveu em lamentável conduta.

A tarefa se iniciou. Dona Helena, médium de psicofonia, no primeiro minuto já demonstrava uma completa alteração de humor e, assim que apagaram as luzes para começo da parte prática do trabalho, ela se manifestou:

– Confesso que estou muito impressionado com o nível de amparo que você recebe sem merecer, seu dirigente de meia-tigela!

– Seja bem-vindo, irmão do coração.

– Irmão do coração? Ah! Se soubesse o que você significa na minha mente, não falaria tamanha asneira.

– Para nós, você é nosso irmão. Isso significa que o amamos.

– Amor?! Foi esse o problema, seu doutrinador falso e enganador: o amor e o dinheiro. E você continua a mesma pessoa, dando aulas do que não sabe e nem pratica.

– O passado não nos interessa, meu irmão. Hoje estamos trabalhando o desapego e seguindo adiante com nossa melhora espiritual.

– E quem acredita nisso? Só você, não é mesmo? É muita ilusão em uma cabeça só! Se não fossem seus amparadores espirituais, eu lhe mostraria o que é desapego da matéria.

– Quem está no bem, meu irmão, não tem o que temer.

– E em qual bem você está? No roubar a casa espírita? Ou na hora de alimentar uma mulher que o explora? Acaso pensa que não sei sobre Natasha?

– Meu irmão, vamos conter os ímpetos e falar do que interessa.

– O que interessa para você, seu falso profeta?

– Para nós, interessa falar do Evangelho do Cristo e das suas lições.

– Pois bem. Que tal falarmos do Evangelho de Mateus, capítulo 23, versículo 25, que diz: "Ai de vós, escribas e fariseus hipócritas! Pois que limpais o exterior do copo e do prato, mas o interior está cheio de rapina e de iniquidade"? Esse versículo lhe diz algo, senhor dirigente?

– Nosso passado realmente foi trilhado no mal, meu irmão, e hoje estamos cuidando do nosso mundo interior.

– Passado?! Senhor Luiz, sua mentira continua nos dias de hoje. Por que não confessa, diante do seu grupo, o que anda fazendo com o dinheiro do centro? Fale para eles o que tem acontecido! Ou quer que eu conte?

– Meu irmão, nenhum de nós pode entrar no coração alheio com tanta autoridade. O que faço com os recursos que me foram confiados nessa casa obedece somente ao ideal da caridade.

– Caridade? Você sustentar a irmãzinha Natasha com dinheiro do centro é caridade?

– Não é novidade para ninguém os benefícios que temos prestado a ela, meu irmão.

– Claro que não! O que ninguém sabe são suas intimidades com ela. Ou sabem?

Luiz, que se mantinha sereno e confiante na sua habilidade em convencer obsessores, assustou-se com aquela fala do desencarnado e perdeu o fio dos seus raciocínios, temendo que fosse colocado em público algo que mantinha em segredo, a sete chaves.

– Meu irmão, nenhum de nós está isento de erros e minha consciência está em paz. A difamação não tira minha autoridade.

– Então por que seu coração está acelerado? Qual o motivo da sua inquietude? Aposto que vai querer mudar de assunto...

– Nada tenho a temer, meu irmão.

– Não mesmo? Assim sendo, vou dar a notícia em primeira mão: Natasha está grávida.

– Caso isso seja verdade, irmão, desejamos que ela seja muito feliz, mas esse não é nosso assunto aqui.

– Grávida de você, seu falso! Agora você não vai mais escapar, porque os fatos vão desmascará-lo.

– Meu irmão...

– Pare de me chamar de meu irmão! Você não tem mais bala na agulha, não tem mais argumento. Vejo que está prestes a acontecer o que eu desejava. Está passando mal, não é mesmo? Pensa que consegue me enganar? Hoje você não terá alternativa, seu dirigente fajuto. Vai pedir arrego e é agora!

Realmente, Luiz começou a sentir uma forte dor de cabeça e pediu ajuda de um passe à equipe do grupo. Como a dor estava muito intensa, outro dialogador assumiu o atendimento à entidade que não parava de falar.

– Fiquem sabendo que nada tenho contra esta casa. Meu assunto é com este religioso mistificador.

Sou contratado de Natasha e vim cobrar o que ele não quer pagar. Abusou dela, agora tem que responder pelo que fez.

A família dela vai saber da gravidez e sua vergonha está armada, seu hipócrita, que pratica a bondade nos lábios e é um irresponsável na alma.

Meu nome é Exu Sete Trevas[1], Chacal de Anúbis.[2] Sou devorador de gente falsa e vim colocar fim na sua hipocrisia.

---

1 Exu Sete Trevas" é um maioral dos sete planos do astral inferior, com a incumbência, a autoridade e a permissão de poder adentrar em qualquer um deles e é a ele que se reportam os outros exus administradores dos outros níveis específicos; entretanto, não é superior aos exus chefes de cada um desses planos vibratórios.

2 "Anúbis" foi um deus egípcio dos mortos e moribundos, guiava e conduzia a alma dos mortos no submundo e estava sempre associado com a mumificação e a vida após a morte na mitologia egípcia. Também foi associado como protetor das pirâmides.

Eu trouxe essa "notícia-presentinho" para você, uma decepção merecida, e quero ver como vai se safar dessa!

O exu deu uma risada sarcástica, alta, e desincorporou da médium dona Helena. A comunicação criou um clima constrangedor no ambiente. As notícias não confirmadas de um possível envolvimento entre Luiz e a jovem citada, bem como o desvio de recursos do centro ficaram no ar. A comunicação mediúnica expunha todo o grupo a um teste de fraternidade e respeito; no entanto, o choque com a notícia da gravidez criou uma atmosfera pesada entre eles. Pairava a dúvida expressa nos comentários de Sete Trevas, pois ninguém sabia se era ou não verdade.

O coordenador substituto pediu muita vigilância e oração naquele instante. Luiz ainda estava com fortes pontadas na cabeça. Fizeram uma prece em conjunto, pedindo proteção aos Guardiões. A tensão se desfez parcialmente, graças à ação dos técnicos e trabalhadores de nosso plano de atividades.

Lamentavelmente, após pequena melhora, Luiz advertiu dona Helena, a médium da mensagem, para não permitir manifestações tão espontâneas, já que ela deveria controlar mais as comunicações, a fim de evitar as mentiras com as quais os espíritos inferiores criam um clima de desordem, ainda mais em se tratando de exus que, na concepção dele, eram entidades de baixo nível moral e vibratório.

Dona Helena recebeu a advertência com humildade, pacificamente, pois para ela nada daquilo seria verdade e se sentia até inconveniente por permitir tamanha mentira sobre o dirigente, por quem tinha muito carinho e respeito.

A reunião mediúnica daquela noite ainda desenvolveu outras atividades de serviço ativo no bem, em favor de várias pessoas. No entanto, o clima venenoso da difamação não se desfez por completo nem a enxaqueca repentina de Luiz melhorou.

Após o encerramento, ele tomou mais um passe e, como de costume, acreditou na possibilidade de que, em algumas horas, aquele reflexo doloroso da tarefa se resolveria, como das outras vezes.

Ao fim das atividades nossa equipe se de pediu, alguns seguindo com os encarnados para seus lares, outros para regiões astrais, dando sequência à atividade iniciada nas dependências da casa espírita.

Em seu lar, Luiz custou a pegar no sono. Sua esposa providenciou um calmante, mas nem assim ele conseguiu relaxar.

Ficou com as palavras do exu ecoando em sua mente. Depois de mais de uma hora pensando sobre o ocorrido, adormeceu. Nossa equipe estava atenta ao ambiente de sua casa, que vinha sofrendo constantes ataques da falange de Sete Trevas. Estávamos esclarecidos de que seria uma noite decisiva junto ao dirigente encarnado.

Ao sair da matéria, pelo desdobramento espiritual durante o sono físico, uma força incontrolável puxou Luiz para uma região de dor e baixas vibrações. Seguimos seu rastro mental e ficamos apenas observando a cena.

— Ora, ora! Então, hoje sua equipe de anjos não interferiu em meu chamado. Bem-vindo ao meu cantinho infernal, senhor dirigente de mentiras!

– Quem é você?

– Sou Exu Sete Trevas e o visitei agora a pouco em sua casa espírita. Que bom que seus protetores compreenderam que é hora de acertos entre nós. Assim, evitamos maiores conflitos e dores. Surpreso, seu santo do pau oco?

– Do que se trata isso? É um pesadelo?

– Pesadelo? Tente voltar ao corpo para ver se é, vamos! Tente voltar, senhor dirigente, prepotente!

– Senhor exu, eu não sei a razão de ter vindo parar aqui, nem quero saber do que se trata. Por isso, eu vou me retirar.

– Não, você não vai voltar agora de jeito algum! Não entendeu, mas já explico: você está sendo filiado aos nossos domínios.

– Meu Santo Pai! Isso é um sonho. Deixe-me dormir!

– Nada de sonho, seu estúpido! Este aqui é o lugar que você merece, suas contas comigo só estão começando a se clarear. O resgate está chegando.

– O que você quer de mim?

– Agora somos só você e eu, frente a frente. Não há motivos para enganação e fazer teatro, como o que faz diante de seu grupinho de santos do pau oco. Eu vim lhe trazer isso.

O exu, com extrema habilidade, pegou um chip no seu bolso e introduziu no peito de Luiz que nem percebeu claramente do que se tratava.

– O que é isso que você colocou em mim?

– Um pequeno aparelho que vai ajudá-lo muito daqui para frente.

– O que você quer comigo, afinal de contas? Para que tudo isso?

– Você deve consideração a Natasha e esse "remedinho" que coloquei aí vai colaborar muito para que faça o que deve ser feito. Se pensar em abandoná-la, eu destruo sua vida. Lembre-se do que vou lhe dizer. Volte ao corpo físico com isso bem claro na sua mente: se você só pensar, registre bem, só pensar em abandonar Natasha, sua cabeça vai explodir de dor, exatamente como ocorreu hoje. A partir de agora você está no meu controle e eu determino seu mapa genético.

– O que você quer que eu faça?

– Ajude essa criança a nascer e estaremos quites.

– De que criança você está falando? De novo esta história!

– Você ainda vai ter a notícia. Amanhã mesmo ela vai lhe procurar e comunicar a gravidez. Nem pense em abandoná-la porque, em outra vida, você me aprisionou na masmorra para ficar com ela. Hoje estou livre e faço o que quero. Você nos deve, a mim e a Natasha.

Nossa equipe acompanhava o diálogo com atenção. No momento em que a entidade começou a abusar de palavrões e a expressar sua determinação com agressividade, interferimos para tirar Luiz daquele lugar. Ele tremia de medo quando anéis de luz começaram a surgir em torno dele, a princípio esvanecidos, depois mais definidos e bem visíveis. Era a equipe de Exu Marabô[3] que amparava a Casa Espírita Luz e Amor.

– Agora estou sentindo que seus anjos justiceiros vieram buscá-lo. Demoraram, mas para mim já basta. Você ouviu e sei que não vai se esquecer do que eu disse. Estarei de olho em você.

– Ora, ora, veja só quem está de tocaia! Exu Marabô, o justiceiro dos hipócritas! Agora você atende a pedidos mesquinhos também?

– Seu Sete, afaste-se! Já disse a esse homem o que tinha para dizer...

– Não disse um milésimo e não fiz um milionésimo do que ainda pretendo fazer com esse traidor!

– Ele já está na Lei, você sabe disso.

– Eu tive notícias de seus tribunais. Até que enfim o bom-senso dos anjos imperou.

– Ele se rendeu ao carma que tem e você não possui autoridade nem poder para mudar isso. A própria Lei de Deus vai sancioná-lo. Você não precisa mais agir nem fazer mais nada.

– Como sempre, os nobres anjos continuam acobertando os maus. Esse homem não presta e vocês sabem disso. Chegou a hora dele.

---

3 "Exu Marabô" é um dos exus mais reconhecidos por resolver, realmente, os problemas que são tratados com ele. Marabô, mais frequentemente, é um servidor da vibração do Orixá Xangô e também de Iansã, cumpridor da justiça com grande habilidade de lidar com as forças da natureza. Sua autoridade e poder são inquestionáveis. Detentor de vasto conhecimento, onde ele se apresenta é respeitado e temido, assim como os outros de sua falange.

– Luiz já passou por uma audiência nos Tribunais do Carma[4] do Hospital Esperança e você sabe a decisão. Por qual razão quer ser um agente da justiça quando a própria Lei Divina vai se cumprir?

– Não concordamos com as esferas da luz. Queremos justiça com as próprias mãos, somos representantes de Anúbis e agiremos por conta própria. Sou um Exu de Lei e minha tarefa é cobrar.

– Você recebeu uma encomenda da bela Natasha. Ela tem créditos, é bem verdade, mas o despacho dessa lei não está em suas mãos, mas, sim, nas esferas cármicas superiores. Agindo assim, você se assemelha a um desordeiro. Natasha se submeteu aos Rabos de Encruza[5], mas você entra nessa briga com que objetivo? Você não está mais no estágio de servir de capanga. Acorde, moço!

– Não estou aqui somente por interesses próprios, Marabô.. O senhor sabe que não faço mais o mal. Quiumba[6] é gente do mal, da irresponsabilidade. Eu sou agente do que é justo. Eu aplico justiça. Quero que saiba que respeito sua condição e não travarei batalha com suas forças. Sábio é aquele que reconhece seus limites. No entanto,

---

4 "Tribunais do Carma" são organizações do plano espiritual superior onde são examinadas as fichas cármicas de cada habitante do orbe, visando a organizar os destinos humanos no cumprimento da justiça e do progresso. Segundo algumas informações espirituais, nesses tribunais também são deliberados os destinos das nações e do próprio planeta. (Nota do médium)

5 Exus que atendem a pedidos de qualquer pessoa e podem fazer o que lhes pedem. As entidades chamadas de "Rabos de Encruza" ou "exus pagãos" são os intermediários dos Exus de Lei, muito presentes em atividades realizadas nas encruzilhadas de ruas.

6 "Quiumbas" são os marginais do baixo astral, possuem uma carga de maldade conscientes, atuam como espíritos obsessores, são maldosos e endurecidos, gostam de fazer o mal e perturbar a paz de quem só quer o bem. Fazem-se passar por exus, pombagiras ou mesmo guias espirituais. Exigem muitas oferendas e rituais, todos regados a muitas bebidas alcoólicas, carne crua, sangue e outros materiais de baixo teor vibratório. Sua atuação é diretamente sobre o mental dos encarnados, mexendo nos pontos mais fracos dos seus alvos, o ego, a vaidade, o medo, os desejos, a raiva, o ódio e as angústias.

não recebo com satisfação sua intromissão nem sua teimosia, e não pretendo submissão. Sei que já é quase um exu coroado, sua magia e sua força constrangem. Esse homem conseguiu a chave de uma das portas do inferno. Sua influência e seu trabalho são de interesses de grupos muito maiores que minhas contas. Você já interferiu em muitos casos, Marabô. Nesse, porém, não existem recursos a favor desse devedor.

— Reconheço suas qualidades, senhor Sete Trevas. Não me interesso aqui apenas por Luiz, e esta é minha tarefa. Você se diz Exu de Lei, mas sua atitude é de cobrador implacável e está pior que um quiumba.

— Não sou como você, Marabô, que se graduou rendendo-se à balela do amor. Não acredito, nem quero isso e não vou mudar para essa banda.

— O que pretende com essa causa e com essa perseguição? Se Luiz adoecer, quem vai cuidar de Natasha e do filho? Todos têm ganhos e perdas nesse jogo. Se eu lhe entregar Luiz para sua vingança, quebro acordos que já foram traçados e isso eu não farei.

— Acaso você tem alguma proposta, senhor Marabô? Quem assina a petição de proteção a esse canalha?

— Bezerra de Menezes.

— Tinha que ser. Esse velho, protetor de espíritas, santos do pau oco!

— Natasha tem créditos com Luiz e débitos com o carma da doença. Se ela morrer e perder esta encarnação, quem vai lhe abrir os braços para novos renascimentos? Como ficará o futuro dessa criança?

– Você está sempre bem informado. Doença não é minha praia.

– É muito compreensível que, por meio dela, queira promover o renascimento do seu filho que estava atolado no abismo. Quer interferir nos acontecimentos para que ele tenha uma vida rica para depois você renascer também. O que lhe assegura que conseguirá quebrar os vínculos dele com aquele lugar, mesmo ele voltando ao corpo físico? Em que ambiente acredita que essa criança vai renascer se Luiz adoecer? E Natasha, conseguirá perdoar Luiz? Seu filho querido poderá ser uma criança revoltada e regressar aos contatos com o mal. E quem garante seu próprio renascimento futuro nesse contexto, seu Sete?

– Tenho acordos fechados e prontos.

– Eu sei de seus passos nesse sentido.

– Então, já sabem disso?

– Luiz deve muito a você, nós conhecemos sua história e também a de Natasha. No entanto, considere o saldo dos esforços desse homem, que já passou por muita dor para chegar até aqui.

– Ele não tem saldo algum. Se tivesse, não estaria algemado a mim.

– Não estamos aqui para zangar com você, seu Sete. Lutaremos para evitar o pior, embora nos pareça que a ordem dos tribunais maiores já está decretada. A dor vai burilar os novos caminhos de Luiz e Natasha, você não precisa intervir em mais nada.

– Folgo em saber! Ele vai ter o que merece. Só não concordo que Natasha sofra com isso. E não quero mais papo. Você só o defende.

– Penso também em seu próprio bem, seu Sete.

– Dispenso sua caridade, senhor Marabô.

O Exu Sete Trevas se diluiu aos nossos olhos, dando a impressão de que mergulhou no solo.

A equipe de Marabô, com incrível agilidade, levou Luiz até seu corpo físico, com o intuito de zelar por sua noite de sono, interferindo na região da cabeça para lhe restituir a saúde. Assim que se aproximou do corpo adormecido, ele acordou tremendo e muito suado. A cabeça, porém, havia melhorado. As palavras do Exu Sete Trevas ecoavam na cabeça dele a tal ponto e com tanta clareza que temeu que a gravidez de Natasha fosse verdade. Depois, fez uma oração, pediu perdão e dormiu sob amparo dos guardas de Marabô.

A outra parte de nossa equipe retornou ao Hospital Esperança, de onde saímos para as tarefas de socorro daquela noite.

A hora já ia avançada na madrugada, e as últimas medidas de auxílio a diversos desencarnados resgatados nos serviços noturnos nos permitiam uma pausa para o diálogo entre amigos.

Rafael, um de nossos assistentes que acompanhou as atividades da noite, indagou:

– Pai João, eu obtive informações sobre o comportamento de Luiz. Ele realmente pega dinheiro no centro e passa para Natasha, a fim de socorrê-la nos momentos de penúria pelos quais passa. Isso é justo?

– O dinheiro é uma bênção, meu filho. As intenções e o contexto em que está sendo usado são os fatos que merecem uma avaliação mais cuidadosa. Infelizmente, Luiz o tem usado com intenções pessoais. Melhor seria se não o fizesse. Não estamos aqui para julgá-lo e muito menos para aprová-lo; no entanto, aos olhares humanos, sua atitude poderá ter uma repercussão muito negativa.

– Pai João, qual é a trama do passado que envolve Luiz, Natasha e Exu Sete Trevas?

– Luiz envolveu Natasha em um grande roubo público no Egito, em recentes reencarnações. Foi desviada uma grande soma em dinheiro destinada à saúde pública.

Na ocasião, Sete Trevas se chamava Ammit, marido de Núbia, atualmente reencarnada como Natasha. Luiz era Kafra, um jovem místico e adorador do panteão dos antigos deuses egípcios, como muitos outros que ainda existem.

A Lei de Retorno lhes devolveu ao corpo para um aprendizado digno. Natasha sempre esteve envolvida em assuntos financeiros e afetivos complicados, notadamente ligados à falta de definição de uma postura na sexualidade. Luiz nutre continuamente profundo interesse pelas questões místicas e ainda está muito conectado à sexualidade. Ambos repetem os impulsos de outrora em contextos desfavoráveis a uma união que possa gerar segurança e bons frutos. O casamento e a família de Luiz passarão por duras provas ao conhecerem a gravidez de Natasha.

– Ela está grávida mesmo, não é?

– Sim, está. O reencarnante é um elo espiritual de Exu Sete Trevas. Um filho que renascerá sob as bênçãos do mais alto. Na verdade, foi um dos três filhos de Ammit com Núbia. Ele, o exu, àquele tempo, no Egito, era conhecido como um mago dedicado ao estudo e à prática dos segredos da mitologia egípcia. Sua devoção a essa atividade o impedia de se dedicar aos assuntos de família, embora amasse os três filhos lindos que tivera com a esposa, deixando-os, assim, ao desamparo da figura paterna. Foi assim que Kafra aproximou-se afetivamente da jovem e, como detinha poder e influência, deu um destino infeliz a Ammit, exilando-o ocultamente para prisões distantes, sendo ele considerado como morto nas peregrinações que fazia pelo deserto. O tempo, porém, revelou a trama a Ammit, já desencarnado, que dominava profunda magia e tinha associação com as falanges de Anúbis.

– Os três passaram por lamentáveis episódios que só cessaram após interferência da Misericórdia Divina no mundo espiritual. Agora estão juntos novamente, a pedido de várias almas que protegem seus caminhos durante várias vidas.

– Luiz e Natasha desfrutam de um laço muito intenso de afeto e de uma conexão quase irrefreável nas questões sexuais. Estão novamente diante de seus próprios limites e sendo testados em suas consciências.

– Explique-me uma coisa. Por que Sete Trevas está atacando Luiz? Se seu antigo filho de outras vidas está renascendo e se Luiz está amparando Natasha, sua ex-mulher, qual a causa dessa rivalidade?

– Luiz não a está amparando. Pelo contrário, está dando dinheiro a ela para se manter afastada, pois tem enorme receio de um escândalo. Ela o está extorquindo, considerando o desprezo com que tem sido tratada, diante das juras de amor alimentadas por ele no início da relação.

– E quando ele souber da gravidez?

– O renascimento dessa criança, Rafael, obedece aos sagrados desígnios cármicos que vão abrir novas experiências a todos. A Lei está se cumprindo e esse renascimento foi decidido em tribunais cármicos, aqui mesmo no Hospital Esperança, pelos amoráveis Guardiões da Justiça Celeste.

– Parece-me que, com o renascimento dessa criança, muita dor atingirá todas as pessoas envolvidas...

– Toda reencarnação é uma bênção. O contexto é que torna tudo muito delicado e com profundos aprendizados a todos os envolvidos. No momento não há outro caminho para o grupo. Luiz poderia optar pela responsabilidade, mas preferiu a ilusão. Natasha ainda se mostra infantilizada em suas emoções e desejo de amor, sem estabelecer para si uma experiência digna que a ajude a se definir no campo da afetividade. Exu Sete Trevas, carregando ódio e lembranças dolorosas dos tempos em que foi traído e exilado, está se tornando um agente do carma.

Diante do descaso de Luiz, Natasha contratou serviços de magia em terreiros de baixo nível moral, com o propósito de trazê-lo para seus braços, e tais entidades se consorcia-ram com Sete Trevas, que comanda e arquiteta toda a tra-ma no mundo astral.

– Luiz corre mesmo o risco com a saúde? Essa dor de ca-beça seria um prenúncio?

– Ele assumiu graves compromissos no setor da saúde. Hoje, como médico, poderia devolver aos cofres públi-cos o que desviou em outras vidas, mas não tem usado a profissão de forma séria e mal consegue manter sua própria família. Seu mapa genético está moldado para a doença e, diante das sucessivas derrapadas morais com Natasha, sua organização física começa a apresentar ris-cos severos de adoecimento.

– Quer dizer que ele poderia ter evitado o mal, mas está optando pelo pior?

– É uma escolha dele, Rafael. São quase três anos seguidos de insistentes medidas de nosso plano, até que tivemos de submeter o caso aos tribunais cármicos superiores.

– E qual será o próximo passo, pai João?

– Por recomendação da equipe de Marabô, deveremos es-tar bem cedo no lar de Luiz.

– O que vai acontecer lá?

– Ninguém pode prever, meu filho.

CAPÍTULO 3

# DIÁLOGO MEDIÚNICO COM UM EXU PAGÃO

Naquela manhã, fomos muito cedo ao lar de Luiz e, lá chegando, vimos que Exu Sete Trevas e muitas entidades estavam vigiando do lado de fora, provocando intensa movimentação no astral. Sua esposa, Ana Lúcia, acordou com profundo mal-estar, enquanto Luiz ainda sentia pequenas pontadas na cabeça.

Ele já estava saindo em direção ao trabalho quando foi surpreendido por Natasha, que apareceu e se colocou em frente ao seu carro, na saída da garagem. Ela vinha acompanhada de dois espíritos que a assessoravam bem de perto. Ao vê-la, Luiz perguntou com muita raiva:

– O que você está fazendo aqui? Como encontrou meu endereço?

– Vamos sair logo daqui para conversarmos ou faço o maior escândalo em frente à sua casa!

– Vamos, entre no carro, rápido, antes que alguém nos veja – e foram para algumas quadras mais adiante, em absoluto silêncio e tensão.

– Assustado comigo?

– Por que você está aqui? O que quer? Eu não lhe dei a quantia que pediu?

– Acha mesmo que vai se livrar de mim assim?

– O que mais você quer? Eu peguei dinheiro de onde não podia para ajudá-la!

– Não fez mais do que a obrigação. O dinheiro do centro não é para ajudar as pessoas?

– Você disse que não me procuraria mais.

– E não procuraria mesmo. Você não vale nada! Já estou desiludida - respondeu aos prantos.

– Então, por que voltou?

– Estou esperando um filho seu!

– Não brinque com isso!

– Duvida? Leia aqui os exames, veja minha taxa de HCG. Você entende dessas coisas. Exame feito anteontem. E vinte e oito dias de atraso no meu ciclo.

– Eu não acredito! Esse filho não pode ser meu!

– Seu cachorro! - ela deu um tapa no rosto de Luiz. E de quem mais ele seria, seu crápula? Como sempre, sou considerada como uma vagabunda por você, que só tem interesses mesquinhos comigo!

O ódio de Natasha diante do que foi dito pelo médico foi como uma ordem expedida mentalmente e aquelas duas entidades que a acompanhavam começaram a apertar a cabeça dele, realizando movimentos repetidos com o dedo indicador como se quisessem penetrar no crânio dele com agulhas. Imediatamente, em função do clima emocional da desagradável surpresa somado à atuação dos desencarnados, Luiz sofreu uma descarga emocional muito agressiva.

– Ai, meu Deus! Eu não acredito nisso! Fui avisado na reunião mediúnica ontem e também essa noite em sonho. Não pode ser verdade. Não comigo! Onde fica o amparo? Espere, eu estou me lembrando do aviso do exu...

Ai! Que dor na minha cabeça! Natasha, eu não estou me sentindo bem... minha cabeça... estou tonto. Ajude-me, Natasha... eu... eu...

A cena não poderia ser mais cruel. A boca de Luiz entortava assustadoramente, os olhos pareciam se contorcer. Ela se assustou, saiu do carro e pediu socorro às pessoas que passavam na rua. Como estavam a poucas quadras de sua casa, alguns conhecidos que estavam no local ajudaram e avisaram a família.

Antes mesmo da chegada dos familiares para recolherem o carro, ele foi internado às pressas pelo serviço do SAMU, que o levou ao hospital mais próximo. O quadro isquêmico foi confirmado. A família foi chamada e ficou assustada com o ocorrido. Natasha desapareceu assim que chegaram ao hospital, mas todos ficaram sabendo sobre a mulher que o havia socorrido no carro e o acompanhado na ambulância. A família ficou se perguntando quem seria essa mulher que ninguém conhecia. Natasha, acompanhada pelos dois exus, saiu de cena sem deixar rastros.

Os prognósticos de Luiz não eram bons em virtude de o nível de lesão ter sido muito severo. Ele estava sedado e sob cuidados rigorosos. Ainda havia riscos de efeitos cardíacos em seu quadro, por isso ele era mantido monitorado em uma UTI e recebia todo o amparo possível de nossos guardiões do bem.

As equipes de Sete Trevas não arredaram o pé da porta do hospital, intencionados em lhe provocar mais dor. Não tinham informação muito clara sobre o ocorrido, já que não conseguiam entrar, até o momento em que Ana Lúcia saiu do hospital em conversa com a filha, deixando evidente qual era a situação. A equipe de Sete Trevas comemorou e espalhou a notícia da confirmação do AVC.

Diante do ocorrido, a atividade mediúnica na Casa Espírita Luz e Amor foi mobilizada para o auxílio. Na primeira reunião, logo após a internação do dirigente, tivemos o desenrolar de várias medidas de socorro.

A atividade começou com um profundo ambiente de pesar entre todos. O clima espiritual era tenso, agravado pela ausência de Luiz. Dona Helena foi a primeira a se manifestar mediunicamente com uma voz masculina rouca.

– Que clima de enterro é esse? Será que morreu alguém e eu não sei? - disse com ironia.

– Seja muito bem-vindo entre nós, meu irmão - respondeu Marcelo, o dirigente substituto.

– Agradeço por tanta gentileza. Pode me responder o porquê de tanta depressão por aqui?

– Não é depressão, vivemos momentos de prova.

– Que prova é essa? Por que sofrem tanto?

– Vamos evitar falar de nós, meu irmão, e nos diga o que o traz até nossa casa.

– Ainda não entenderam?

– Entendemos o que, irmão?

– Que eu sei de tudo? Acaso acha que não sei a razão de tanta depressão por aqui?

– Já dissemos que não é depressão.

– Mentira! Sei com detalhes o que se passa e fui convidado a estar aqui. Acordos com anjos e uns malditos capangas de um cangaceiro me convenceram a falar.

– Falar sobre o que?

– Que cumpri minha missão e não me arrependo. O serviço está feito e é isso que importa.

– A qual serviço você se refere?

– À derrocada do seu dirigente, o santo do pau oco.

– Você está se referindo a Luiz?

– Quem mais poderia ser? Orgulho-me de ser agente da justiça. Ele mereceu. Nós, os exus, não estamos para brincadeira, não!

Marcelo, embora bem mais jovem que Luiz, comportava-se com muita maturidade, procurando abordagens mais formais em favor da segurança do trabalho. Quando percebeu que a entidade tinha relação com Luiz, preferiu ser mais informal e colher informações que julgava necessárias ao bem, naquele momento. Inspirado por seu tutor espiritual, indagou:

– Com todo respeito, meu amigo, qual de nós tem essa autoridade para fazer justiça? Se ele sofreu os danos no corpo físico, certamente teria de passar por isso ou então não fez por onde merecer caminhos melhores. Mas a Lei é a Lei. E ela se cumpre acima de nossas más ou boas intenções.

– Papo furado! Nós, os exus, temos a clave da justiça nas mãos. Nossa magia nos permite decisões e escolhas em relação a fatos e pessoas. Você filosofa sobre justiça e o que sabe sobre exus? O que faria se tivesse, por acaso, a clave da justiça em suas mãos?

– Com o perdão da palavra, sabemos que vocês têm poder, mas são entidades afastadas da luz.

– Afastadas da luz? E se eu lhe disser que seus anjos e seu Jesus nos chamam de embaixadores?

– Não importam nomes. O que importa é o que fazemos.

– Nisso estamos de acordo. O que eu faço, faço sem arrependimentos... ou você acha que apertei a cabeça daquele falso sem motivos?

– Tenho certeza de que possui seus motivos. Acredito que ele lhe tenha feito muito mal...

– Nunca me fez um pingo de mal. O problema dele não é comigo.

– Como assim?

– Sou feitor de encomendas, um exu pagão. Faço trocas. Atendi a demandas que me passaram. Eu sou muito correto. Não pego demandas por ódio pessoal. Não sou um quiumba ignorante que se atreve a fazer bobagens da própria cabeça. Pego demandas que a Lei permite. Sou um advogado do carma e não quero ser considerado um fracasso entre os meus. Em todas as causas que peguei fui bem-sucedido. Não me atrevo a entrar em assuntos

nos quais o carma não está a favor. Seu dirigente menti-
roso tinha débitos altos com a saúde.

– Meu irmão, por suas colocações, percebemos claramente
o estado de sua alma em estágios ainda de ignorância.
Se você conhecesse o Espiritismo, estaria esclarecido e
saberia que ninguém tem essa força. Isso está apenas na
sua mente.

– Você acha mesmo que eu nada sei sobre o Espiritismo?

– Se soubesse, você teria conhecimento do que a questão
551 de O livro dos espíritos, diz sobre isso:

> "Pode um homem mau, com o auxílio de um mau Es-
> pírito que lhe seja dedicado, fazer mal ao seu próxi-
> mo?

> Não; Deus não o permitiria."

– Esse é um dos problemas mais graves de vocês, religiosos intransigentes. Pegam retalhos de seus textos sagrados para explicar o que acontece no universo inteiro.
Agem como se fossem os detentores de todo o conhecimento só porque decoram livros e mais livros, falando do
mundo espiritual. No fundo, vocês, espíritas, são os mais
ignorantes sobre o assunto. Por se acharem o máximo
da espiritualidade, não abrem a cabeça para a realidade
extrafísica a fim de entenderem como ela é de verdade,
e estabelecem padrões em cima do que imaginam que
acontece do lado de cá.

Texto por texto, eu também posso lhe apresentar a
questão 557, do mesmo livro, diz o seguinte:

"Podem a bênção e a maldição atrair o bem e o mal para aquele sobre quem são lançadas?

Deus não escuta a maldição injusta e culpado perante Ele se torna o que a profere. Como temos os dois gênios opostos, o bem e o mal, pode a maldição exercer momentaneamente influência, mesmo sobre a matéria. Tal influência, porém, só se verifica por vontade de Deus como aumento de prova para aquele que é dela objeto. Ademais, o que é comum é serem amaldiçoados os maus e abençoados os bons. Jamais a bênção e a maldição podem desviar da senda da justiça a Providência, que nunca fere o maldito, senão quando mau, e cuja proteção não acoberta senão aquele que a merece."

Preste atenção nessa expressão, senhor Marcelo: "Deus não escuta a maldição injusta", isto é, existe uma maldição justa. E é a respeito disso que o senhor não sabe nada.

Perdoe-me, mas sua elegância intelectual se torna uma assassina da verdade. Seu Espiritismo anda longe do que Allan Kardec diria sobre o assunto das maldições e da magia nos dias atuais. Vocês, espíritas, são uma miragem do que é realmente o Espiritismo, enquanto Doutrina dos Espíritos.

Quem mais tem quebrado a cara do lado de cá, a respeito de nós, os exus, são vocês, espíritas, convencidos de que seus conceitos, totalmente incoerentes sobre nossa tarefa e nossa personalidade, correspondem à realidade dos fatos.

Vim aqui hoje a contragosto, mas pai João de Angola, esse velho mago, me disse algo que me fez aceitar vir aqui dar um "pitaco". Ele me falou que quem precisava ouvir eram vocês e não eu. Ele explicou com sabedoria e não me opus. Estou aqui porque quero. Não estou como inimigo e não sinto um pingo de culpa em espremer a cabeça desse Luiz, que é um falso. Detonei a saúde do seu dirigente porque ele está debaixo da maldição justa, como esclarece o texto.

– Tenho que confessar minha surpresa com seu conhecimento. Isso, porém, não muda nada. Nossa tarefa tem suas regras e vejo que procura nos enganar com teorias que não pertencem à doutrina. Pai João de Angola jamais faria ou falaria isso. Se fosse verdade, ele mesmo nos daria o ensino. Nunca ouvimos falar em tais sistemas falsos de carma e justiça. Suas palavras pretensiosas não fazem parte da sabedoria das obras básicas.

– Eu entendo sua cabeça pequena, senhor Marcelo. Um braquicéfalo[1]! Como entendo!

Não me incomoda ser tratado como um atrasado, um obsessor, ou o que melhor convier ao seu pseudoconhecimento do mundo espiritual. Estando morto, vejo mais do que você, que está vivo.

Com certeza vão depenar a pobre da médium por conta dessa espontaneidade. É por essas e por outras que prefiro ser quem sou a ser e fazer parte deste bando de maricas metidos a santos espirituais. Quando chegarem do lado de cá, vão entender o que digo sobre justiça e ação dos espíritos.

– A justiça sem amor é crueldade, meu amigo.

---

1 "Braquicéfalo", na gíria popular, representa pessoa de mente curta.

– Crueldade é o que seu dirigente fez com gente pobre em outras vidas.

Neste caso, minha protegida é a Natasha e ela não vai ser alvo de nada que a prejudique, pois está limpa, com ficha isenta no carma. Tem energia de soltura[2] na aura, na alma e no infinito. Não há nenhum decreto energético[3], nem em seu mapa genético, nem em seu campo astral, que esteja se manifestando na quântica dos acertos cármicos. Pelo menos nessa vida ela tem alforria vibratória.

Lembra-se do Exu Sete Trevas que esteve aqui recentemente?

– Lembro sim.

– Ele é meu patrão. Somos parceiros, e minha função é cuidar da protegida dele. Então, nem pensem em fazer algum mal a ela.

---

2 A "energia de soltura" pode estar relacionada com a energia do salto quântico. Nesse caso, seria a energia necessária para a mudança de estado de uma partícula. Ao adquiri-la, a partícula se desprenderia do nível e imediatamente atingiria outra vibração corpuscular, ou seja, emitiria onda eletromagnética, como a da luz e outras, em determinada frequência. Isso daria uma tonalidade diferente ao duplo etérico ou aura. O tom avermelhado, por exemplo, se relacionaria ao correspondente desprendimento do elétron mais distante do núcleo. Outras tonalidades podem ser frequentes no duplo etérico, revelando a conquista moral do espírito em sua reverberação física e seu respectivo merecimento em passar de um mundo ao outro, por exemplo. Uma vez conquistado esse desprendimento não há retorno, o que explicaria a evolução da protagonista Natasha. A energia de soltura está presente nos encarnados quando eles já não necessitam passar por determinada prova, sendo identificada com facilidade pelos exus.

3 O "decreto energético" pode ser uma comparação explícita com a situação do próprio perispírito que sofre as alterações ao longo das experiências. Este é submetido aos acertos cármicos como uma necessidade de evolução. A palavra quântica parece qualificar a inscrição energética e correspondente alteração perispiritual, segundo as leis da mecânica quântica. As partículas de que vibram – e formam – o perispírito relacionam-se energeticamente aos estados conscienciais do espírito e poderiam percorrer as dimensões como descrito no item "dobras quânticas do tempo". O decreto energético é o contrário da energia de soltura e identifica quem ainda não está pronto para se libertar de uma prova.

Sou apenas um agente que sabe como identificar a energia cármica na mente. E você, o que conhece sobre isso? Acaso sabe ler a história ancestral que está impregnada no corpo mental? Sabe onde localizar esse arquivo? Quer que eu lhe diga qual é seu ponto crítico e onde tudo começou em suas reencarnações? Está aqui, estampado na sua aura.

– Acreditamos na Justiça de Deus, meu irmão. Não tenho interesse no passado. Vamos fazer uma oração para ajudá-lo a perceber o que se passa nesse momento.

– Faça sua oração. Fui!

Com a mesma facilidade com que entrou em sintonia com a médium ele saiu dela, demonstrando pleno domínio mental sobre a situação.

Enquanto o exu se comunicava, nossa equipe tomou várias providências de amparo em favor de Natasha, Luiz e todos os envolvidos no episódio.

A Casa Luz e Amor, apesar de aplicar rigidez nos conceitos doutrinários e práticos, era um ambiente abençoado, sob proteção e conexão contínua dos Guardiões do Hospital Esperança. Luiz guarda vínculos muito estreitos com nosso diretor espiritual, Eurípedes Barsanulfo, e sua reencarnação foi avalizada por Bezerra de Menezes. Laços afetivos de velhos tempos no Egito antigo e mais recentes também, especialmente em Luxor[4], onde se encontra uma das bases astralinas de apoio vibratório do planeta e que

---

4 "Luxor" é uma cidade do sul do Egito, capital da província de mesmo nome. "Luxor é, por assim dizer, a fonte energética abundante e poderosa que protege nossa casa planetária contra o campo energético da magia negra e das forças elementais criadas pela maldade no intuito de escravizar e destruir. É o centro essencial da queima do poder destrutivo." *Os dragões* - Capítulo 15, autoria espiritual de Maria Modesto Cravo, pela psicografia de Wanderley Oliveira - Editora Dufaux.

guarda profunda relação com o Hospital Esperança. Finda a parte socorrista da reunião, Maria Modesto Cravo, que prestava socorro constante a várias dores naquele ambiente, teve a oportunidade da conversa fraterna com o grupo encarnado.

Mais uma vez, dona Helena, com uma simplicidade ímpar e com um raro automatismo mediúnico, permitiu a comunicação, alterando nitidamente a voz que enriqueceu de ternura:

– Amigos do coração, eu, Maria Modesto Cravo, abençoo todos em nome de Jesus.

– Que assim seja, dona Modesta. Seja muito bem acolhida em nosso meio – respondeu Marcelo.

CAPÍTULO 4

# EURÍPEDES BARSANULFO,

## AS FALANGES DE EXUS E A MISSÃO DA UMBANDA

– Obrigada, meu filho. Estou hoje com duas missões. Vamos usar os minutos finais de nossa atividade para dialogar sobre o futuro do grupo e quero também lhes fazer um convite.

– Sinta-se em casa, dona Modesta.

– Eu quero lhes perguntar como se sentiram com as comunicações dos exus nas últimas sessões.

– Que pergunta boa, dona Modesta - expressou Larissa, médium da tarefa.

– Que Deus a proteja, Larissa! Por que gostou da pergunta, minha filha?

– Dá um alívio saber que vocês estão atentos a esse assunto. Vou falar por mim, mas creio que seja o sentimento da maioria aqui no grupo. Temos conversado muito sobre isso. Amamos a médium da qual a senhora está se servindo, a dona Helena, mas confesso que temos dúvidas sobre as comunicações de exus que se apresentaram nas últimas reuniões.

– Que tipo de dúvida? - perguntou dona Modesta, que conhecia bem as angústias do tema entre os encarnados.

– Vou ser franca. Prefiro assim a ficar de cochicho nos cantos.

– A transparência nunca foi tão bem-vinda nesta casa quanto neste momento. Pode falar.

– Achamos que Luiz está sendo vítima de magia daquela mulher, a senhora sabe quem. E essa energia ruim penetrou no grupo, trazendo esses espíritos da Umbanda para cá. Já temos tentado há meses conversar com eles. São muito inteligentes, como a senhora viu na conversa de hoje. Nunca aceitam os conhecimentos do Evangelho e da Doutrina Espírita, pois estão sempre cheios de teorias. Tememos que nosso grupo esteja debaixo de uma severa mistificação ou, pelo menos, a caminho disso. A senhora me entende?

– Claro, minha filha. Estou acompanhando tudo.

– E o que tem a dizer sobre isso?

– Que o grupo de vocês tem muito valor moral no que se refere aos cuidados com o serviço de intercâmbio mediúnico. Isso é fundamental em qualquer casa.

– Então a senhora confirma que estamos a caminho de uma mistificação?

– Não, não se trata disso. O grupo mediúnico Luz e Amor, assim como a grande maioria dos grupos aptos à promoção no trabalho, está sendo chamado a um novo patamar de aprendizado e crescimento.

Como lhes disse, um dos motivos de minha vinda aqui, hoje, é falar sobre esse futuro. Farei um pequeno resumo histórico para que entendam aonde quero chegar.

Na virada do século 19 para o século 20 o Espiritismo consolidou-se no Brasil. Transposto da França para cá, adotou naturalmente a linguagem e os traços culturais inerentes ao nosso país, sofrendo, nas práticas doutrinárias, um ascendente filosófico católico e um formato europeu, no que diz respeito a se organizar de forma elitista por atrair, a princípio, pessoas cultas[1]. Essas características com as comunicações mediúnicas de intelectuais, doutores e padres se encontravam no exercício da mediunidade, poucas vezes fugindo dessa produção mais seleta.

A organização do Espiritismo como movimento focado na comunidade obedeceu fortemente a esse formato. Até aqui, nada demais, pois quem coordenava o progresso dos ideais no mundo dos espíritos, já sabia que essa seria a trajetória para milhões de espíritos no seu despertamento pessoal e na organização do conhecimento espiritual. Esse fenômeno está explicado no tema do transporte da árvore do Evangelho para o Brasil.[2] Existem muitas ilusões no assunto, como seria de se esperar. É como se aqueles que trouxeram a doutrina para nosso país fossem, todos eles, grandes missionários com elevação espiritual acentuada, quando, na verdade, eram os espíritos mais comprometidos com as tragédias religiosas dos últimos dois mil anos no planeta, especialmente no Velho Mundo. O orgulho humano adornou de miragens a história do Espiritismo no solo brasileiro.

É aqui que surgem duas medidas maravilhosas dos planejamentos espirituais que, já antecipando essa possível e quase inevitável elitização e institucionalização das ideias espíritas no Brasil, trouxeram ao nosso país: a Umbanda, em 1908, e Francisco Cândido Xavier, em 1910.

---

1 Na cidade do Rio de Janeiro, então capital do Império do Brasil, as primeiras sessões espíritas foram realizadas por franceses, muitos deles exilados políticos do regime de Napoleão III de França, na década de 1860. Alguns desses pioneiros foram o jornalista Adolphe Hubert, editor do periódico "Courrier du Brésil", a médium psicógrafa Madame Perret Collard e o professor Casimir Lieutaud que, em 1860, publicou a tradução, em língua portuguesa, das obras "Os tempos são chegados" e "O Espiritismo na sua mais simples expressão". Em 1875, o Grupo Confúcio lançou o segundo periódico espírita do país, a "Revista Espírita", dirigida por Antônio da Silva Neto. A esse grupo estiveram ligados nomes expressivos como o de Joaquim Carlos Travassos que, ainda em 1875, apresentou a Bezerra de Menezes a primeira tradução de "O Livro dos Espíritos" para a língua portuguesa.

2 *Os dragões* - capítulo 8, autoria espiritual de Maria Modesto Cravo, pela psicografia de Wanderley Oliveira - Editora Dufaux.

Com a Umbanda, tivemos um canal para os espíritos sábios e simples de coração enriquecerem as fileiras do espiritualismo, bem como abrir canais àqueles que trafegam nos pátios da imortalidade. No entanto, já na implantação da Umbanda, seu sacerdote e fundador, Zélio de Moraes[3], foi coibido, por pessoas preconceituosas, de receber essas entidades. E até hoje, o ranço permanece entre muitos espiritualistas e umbandistas. Se não fosse a Umbanda, muitos médiuns não teriam vez, muitas pessoas jamais teriam contato com os espíritos e não despertariam para as noções de imortalidade; além disso, a mediunidade nos dias atuais estaria prisioneira das reuniões frias e secretas que se realizariam na maioria das casas espíritas, com o único objetivo de doutrinar – leia-se catequizar – entidades. E não há em minhas palavras nenhum demérito às atividades espíritas que, mesmo assim, prestam rico serviço ao bem.

Contudo, não podemos desconsiderar o bem que a Umbanda proporcionou à mediunidade livre e socorrista. A missão da Umbanda é muito similar à de Paulo de Tarso em relação à Casa do Caminho, que foi a de pregar aos gentios[4] e sair do formalismo de Jerusalém, levando o Evangelho e Jesus aos não judeus. Além disso, a Umbanda é rica de fenomenologia e suas raízes espirituais se perdem nos milênios, onde a magia Atlante e as técnicas mais avançadas no contato com as dores humanas são resgatadas no serviço da caridade e do bem. Graças

---

3 "Zélio Fernandino de Moraes" procurou a Federação Espírita do Estado do Rio de Janeiro para entender a cura súbita de uma paralisia que o impediu de seguir a carreira militar. Lá estando, manifestou-se, por intermédio dele mesmo, a entidade que se denominou Caboclo das Sete Encruzilhadas, anunciando a fundação de uma nova religião no Brasil, a Umbanda. Foi fundada, no dia seguinte, em virtude dessa manifestação, a Tenda Espírita Nossa Senhora da Piedade, considerada a anunciadora da Umbanda.
4 "Gentios" eram todos os outros povos que não os judeus e que não acreditavam no Deus único. Eram muito discriminados e tratados como inferiores pelos judeus. Quando Paulo iniciou seu apostolado, apresentava os ensinos de Jesus para eles, convertendo muitos ao Cristianismo.

a esse formato de mediunidade livre e espontânea, os umbandistas vêm prestando um serviço social sem precedentes no consolo de corações, no despertamento espiritual de almas, de encarnados adormecidos espiritualmente e na reorganização do carma, utilizando os recursos da magia.

Com Chico Xavier tivemos uma referência moral de humildade e também de mediunidade livre para incentivar caminhos que, absolutamente, a elite não aprovaria. Com o tempo, os grupos mais influentes do país se curvaram, a contragosto, às muitas ideias e posturas de Chico, o qual, até o fim de sua vida física, continuou tendo problemas com essa fatia endurecida do movimento espírita. Não fosse ele e sua obra, imaginem o que seria esse movimento. Chico fez o equilíbrio entre a religião – seu maior pendor –, a filosofia e a ciência, foco da elite espírita. Ele trouxe as lições do Evangelho como prioridade e, se não o fizesse, já teríamos um segundo catolicismo na comunidade espírita com uma pompa que deixaria a Igreja Católica com inveja, embora não estejamos muito distantes disso.

Bezerra de Menezes e Eurípedes Barsanulfo, assim que desencarnaram, respectivamente em 11 de abril de 1900 e 1º de novembro de 1918, foram convocados pelas equipes celestes e pelo próprio Cristo com o objetivo de compor essa frente de serviço para integração de forças e quebra de barreiras entre Umbanda, Espiritismo e outras religiões. A partir de então, Caboclos[5], Pretos-Velhos e, sobretudo,

---

5 "Caboclos" são considerados espíritos de índios que, após a desencarnação, viraram guias de luz que voltaram para a Terra a fim de prestarem a caridade ao próximo ou almas que assumiram a roupagem fluídica de Caboclo como instrumento de ideal. São da Linha das Matas. Seus conselhos visam a melhorar o ânimo dos mais necessitados. Geralmente se utilizam de charutos e plantas para provocar a descarga espiritual de seu médium e também do seu consulente. São entidades muito consideradas, bastante sérias em seus conselhos; portanto, grandes trabalhadores dos terreiros.

exus, na condição de Guardiões – com grande capacidade de penetração nas regiões subcrostais –, passaram a compor as equipes e a atuar incógnitos nos centros espíritas porque os Pretos-Velhos e suas equipes eram rejeitados e muitas vezes ainda continuam sendo, com tarja de espíritos atrasados da Umbanda.

O assunto comporta muito mais detalhes que não vou examinar aqui, mas só para terem ideia, Eurípedes Barsanulfo, ao fundar o Hospital Esperança no mundo astral, na década de 1930, construiu uma grande ala de serviços para os exus que, nos dias atuais, é uma das maiores e mais repletas áreas de trabalhos, preparos, estudos e atividades. Como o Hospital Esperança é uma organização avançada, tais exus, seja na condição de policiais, seja como Guardiões elevados, com grande bagagem e muitas atividades de trabalho social, têm grande intervenção nas tragédias mundiais para minimizar seus impactos, usando avançada tecnologia extraterrestre. São velhos magos atlantes, egípcios e alquimistas dos tempos antigos.

Portanto, a estranheza que muitos têm quando se coloca algo sobre a relação entre os baluartes do Espiritismo e os exus é fruto da pura ignorância dos fatos e preconceito. Vamos desencarnar como espíritas e ter de pedir amparo no mundo espiritual para muitos exus, porque o trabalho que eles fazem não é realizado por mais ninguém.

Há muito mais a dizer sobre esse assunto e eu apenas iniciei a montagem de um quebra-cabeça, faltando várias peças, porque agora não posso me estender mais. Quem tiver mais informações seguras e fraternas para ajudar a montar todo o quadro, fique à vontade para dispô-las.

Diamantino Coelho[6], Hercílio Maes[7] e outros tantos médiuns e pensadores foram condenados por conta de ideias similares. No entanto, todos eles apenas abriram picadas para o que começa a acontecer hoje de forma irreversível: a integração cósmica das religiões.

Compreendeu, Larissa?

– Dona Modesta, perdoe-me pela sinceridade, mas tudo isso deu um nó na minha cabeça.

– Na verdade, filha, o nó existia antes mesmo da minha fala. O que aconteceu é que eu lhes trouxe luz sobre esse nó de concepções, de conceitos que precisam ser revistos. É muito natural que se sinta assim.

Respondendo claramente à sua pergunta, o grupo não está a caminho de uma mistificação, mas, sim, de uma renovação profunda de conceitos espirituais para ampliar o aprendizado e desenvolver ainda mais suas conquistas no intercâmbio com o mundo espiritual.

– Dona Modesta, posso fazer uma pergunta? - interviu Marcelo, meio ansioso.

– Estamos em uma conversa. Fale, meu filho.

– Como avaliar os conceitos desses exus que aqui estiveram recentemente? Confesso que não entendo o que

---

6 "Diamantino Coelho Fernandes" nasceu em Portugal e, em 1894, emigrou para o Brasil. Foi presidente da "Tenda Espírita Mirim", onde promoveu o Primeiro Congresso Brasileiro de Espiritismo na Umbanda, defendendo que os fundamentos umbandistas – sustentados pelo tripé luz, amor e verdade – seriam capazes de educar e encaminhar as almas para Deus.

7 "Hercílio Maes" nasceu em Curitiba/PR em 1913, era contador e advogado. Foi o mais conhecido médium ligado ao espírito de Ramatis. Antes de se tornar espírita, foi teosofista, maçom e rosa-cruz. Durante grande parte da vida realizou trabalho voluntário como médium receitista na área da Radiestesia.

falam. Para mim, são teorias para nos enganar e ludibriar. Assusta-me também o fato de acontecer tudo o que eles dizem. O caso de Luiz foi de impressionar. Mesmo a contragosto, supondo se tratar de um equívoco da médium, tudo que o tal Sete Trevas falou, pela psicofonia de dona Helena, aconteceu. Além disso, essa manifestação com alteração de voz, nomes estranhos e até palavrões, como aceitar isso, dona Modesta?

– O aprendizado a que me referi passa por esses desafios, Marcelo.

Você está certo ao dizer a essa entidade, que acabou de se comunicar, que a atividade tem regras que determinam a segurança de que vocês precisam, mas o momento de transição planetária sacode todos os padrões humanos em busca de uma evolução de conceitos e maior amplitude de compreensão.

A mediunidade com excesso de regras igualmente passa por aceleradas e inevitáveis transformações.

– Confesso meu temor com essas tais quebras de regras.

– O apóstolo Pedro, ao ser chamado para andar sobre as águas, passou por uma quebra de norma sem igual. Ele também temeu.[8]

– Nós estudamos André Luiz, Allan Kardec, outros tantos autores reconhecidos, fazemos cursos e mais cursos que nos ensinam a proceder com cautela e rigor nas comunicações mediúnicas e, de repente, a sensação que tenho é de que nada disso está sendo útil. De duas, uma: ou estamos fazendo tudo errado, ou estamos a caminho de

---

8 Mateus, 14:30-31.

sérios problemas. Não sinto mais segurança no grupo. Não tenho como acreditar nisso, dona Modesta.

– Vocês não são obrigados a fazer ou acreditar em nada que não queiram. Sobre sentir-se seguro, parece-me que os verdadeiros discípulos de Jesus jamais se sentiram assim.

– Regras nos dão segurança, dona Modesta - expressou Marcelo com arrogância.

– A disciplina solicita regras, Marcelo. O amor avança somente com a experiência.

– Então, a senhora é contra as regras?

– Sou contra os preceitos incontestáveis, ou seja, as regras inquestionáveis que não oferecem condições ao avanço, aquelas que envelhecem, perdem o sentido e emperram o aprendizado.

– A senhora acha, então, que nossas regras são dogmatismos?

– Para o estágio que o grupo de vocês atingiu, pode-se correr esse risco.

– Que risco?

– O risco de as regras se transformarem em acomodação na busca dessa segurança em bases rígidas. Isso vem acontecendo com a maioria dos grupos mediúnicos que presta serviços abençoados, mas que estagnou no tempo em conceitos e práticas. O serviço cristão pede muito discernimento a fim de não confundir a segurança de normas que já não são tão produtivas com a autêntica solidez promovida pela coragem e pelo bom-senso das experiências práticas, construídas com diálogo honesto, estudo diferenciado e humildade para aprender.

– Vejo de outra forma, dona Modesta...

– Eu sei, meu filho, e nutro irrestrito respeito por sua percepção, a qual muito tem colaborado com as atividades desta casa.

– Para mim, essa confusão que vem surgindo entre coisas de Umbanda e Espiritismo está desfigurando nossa santa doutrina. Custo a acreditar no que a senhora contou sobre Eurípedes e os exus. Não fosse o respeito que tenho pela senhora, pediria agora mesmo à médium para interromper a comunicação. Acho um absurdo essa mistura.

– Compreendo, meu filho. Apenas solicito mais alguns minutos de seu tempo para concluir minhas considerações.

Dona Modesta mal acabou de falar e Ricardo, integrante do grupo, disse à queima-roupa:

– Acho que você, Marcelo, deve ter mais respeito com dona Modesta e com a própria médium. Você é um dos dirigentes e não pode determinar, em nome do grupo, sozinho. Somos uma equipe ou não? Não me agrada a ideia de interromper esse diálogo. Em meu coração, as palavras de dona Modesta ressoam como um apelo profundo ao meu espírito. Eu estou me sentindo como quem está a caminho de algo muito importante para o futuro de nossas experiências mediúnicas.

Como integrante desse grupo, eu me reservo o direito de não aceitar sua opinião como definitiva e quero permitir a dona Modesta que continue. Assim como encorajo a médium, dona Helena, que deve estar me ouvindo, a sentir-se confortável no trabalho.

Perdoe-me pela clareza. Não sou do tipo disposto a obedecer só porque você tem a função de dirigir os trabalhos.

– Acho muito natural que se sinta assim, Ricardo, já que veio da Umbanda. Você subiu um degrau no Espiritismo e agora quer retroceder?

A fala de Marcelo criou um lamentável mal-estar e dona Modesta voltou à palavra de modo mais contundente.

– O orgulho do saber tem entravado o avanço, meu filho. A soberba é danosa.

Os protetores espirituais que servem a Jesus, há mais de sessenta anos, procuram assiduamente as tendas umbandistas para trabalhos de vulto que nem sempre conseguem executar nas reuniões espíritas por conta do engessamento de conceitos que se estabeleceu nos primeiros setenta anos da chegada dos princípios básicos da doutrina ao Brasil.

Por conta da fidelidade doutrinária exagerada e nociva, que afasta os grupos da espontaneidade, e do desejo de abrir os horizontes do mundo espiritual, boa parte dos grupos doutrinários mediúnicos se transformou em câmaras secretas de contato formal com o mundo espiritual. Enquanto isso, a Umbanda rasgou os véus da mediunidade, levando ao povo o consolo, a espiritualidade, a fé e a sensibilidade.

Para entender essa diferenciação de tarefas e necessidades, é preciso compreender a história dos que renasceram na Umbanda e aqueles que ingressaram no Espiritismo. Sem generalizações, farei algumas considerações sobre os paralelos, apenas a título de reflexão.

A mediunidade no Espiritismo é acentuadamente mental, as comunicações são quase telepáticas, predominantemente inspirativas, isto é, os espíritos atuam mais sobre a mente dos médiuns, pois a atividade se processa mais no plano intelectivo. Em razão disso, atuam mais em um gênero de tarefa espiritual, enquanto na Umbanda há uma especialização nos trabalhos do astral inferior contra as falanges do mal.

É da experiência espírita kardecista que os espíritos manifestem-se pelo pensamento, cabendo aos médiuns transmitirem as ideias com seu próprio vocabulário e não totalmente com as características dos espíritos comunicantes, embora algumas vezes isso ocorra. Em face do habitual cerceamento mediúnico nesses núcleos de trabalho, os espíritos têm se limitado ao intercâmbio mais mental e menos interativo.

A faculdade mediúnica do médium, ou cavalo na Umbanda, é muito diferente do médium kardecista, considerando-se que entre os principais trabalhos da Umbanda está o de atuar nas hordas inferiores do mal, no submundo das energias degradantes.

Os médiuns umbandistas lidam com toda a sorte de tropeços, ciladas, mistificações, magias e demandas contra espíritos sumamente poderosos e cruéis, que manipulam as forças ocultas negativas com sabedoria.

Para se resguardar das vibrações e ataques das chamadas falanges do mal, valem-se dos elementos da natureza, tais como as energias das ervas, das essências, defumações e das oferendas nos diversos reinos da natureza, que são expressões das energias dos Orixás, dos colares imantados e dos rituais de defesa e limpeza da aura física e psíquica, para poderem estar em condições de desempenhar sua tarefa.

Contam com extrema sensibilidade na fé, na proteção dos seus guias e protetores espirituais, em virtude de participarem de trabalhos mediúnicos que atingem a escala da ação dos espíritos das falanges negras, recebendo desses grupos a perseguição sistemática. Por isso, a proteção dos filhos de terreiro é constituída por verdadeiras tropas de choque comandadas pelos exus, conhecedores das manhas e das astúcias das falanges do mal.

Sua atuação é permanente na crosta terrena e vigiam atentamente os médiuns umbandistas contra investidas do mal, certos de que a defesa ainda é precária pela ausência de conduta moral superior, ainda bastante rara entre as melhores criaturas, seja na Umbanda, no Espiritismo ou em que religião for.

Os chefes de legião, falanges, subfalanges, grupamentos, colunas, subcolunas e integrantes de colunas, também assumem pesados deveres e responsabilidades na segurança e proteção de seus médiuns. É um compromisso de serviço de fidelidade mútua, mas de maior responsabilidade dos Chefes de Terreiro[9].

---

9 Os "Chefes de Terreiro" são os Pais ou Mães de Santo, que assumem essa missão de liderança até seu desencarne. Seus sucessores são escolhidos dentro do que a espiritualidade determina e a eles é dado o nome de pais ou mães pequenos. Em algumas denominações é possível usar outros nomes, tais como: Capitães, Zeladores, Adjuntos, Braço Direito, entre outros.

Daí as fortes descargas fluídicas que se processam nos terreiros, após certos trabalhos, com a colaboração das falanges do mar e das cachoeiras, da defumação dos médiuns e do ambiente, bem como por meio da água fluidificada.

– Desculpe-me pela franqueza, mas, falando assim, a senhora enaltece a Umbanda e desmerece a Terceira Revelação que veio, em nome do Cristo, renovar os destinos do mundo.

– De fato, Marcelo, a Terceira Revelação veio trazer luz ao mundo. No entanto, o que vai mesmo renovar o orbe é a integração das diferenças sob a luz do amor legítimo, a começar pelo respeito às diferentes classes religiosas.

Os exus também fazem parte desse Concerto Divino de Evolução. Também amam, mas são muito mal compreendidos. Chegou a hora de lhes identificar a missão, em nome desse tempo de transformações planetárias para um mundo melhor.

Alimentar a repugnância, o preconceito e a ignorância voluntária em torno desses Guardiões do bem e da justiça cármica é, sem dúvida, uma medida estimulada pelas trevas que desejam embaçar a verdade para o homem encarnado, a respeito do que significa oferecer a esses embaixadores do Cristo a confiança e a parceria nas experiências diárias. Se os encarnados passarem a conhecer a natureza dos exus e suas atividades, compreendendo a força e a importância que têm nos destinos do planeta, a ação do mal sofrerá uma derrota impactante.

– A senhora disse que nos falaria sobre o futuro do grupo. Acaso esse futuro tem algo a ver com esses exus?

– Certamente. Pela natureza do trabalho a que vocês serão chamados será indispensável uma parceria com eles. Para isso, será bom que adquiram maiores noções sobre o tema.

– Eu já digo a senhora, com a sinceridade que é minha marca, que se esses espíritos continuarem aparecendo por aqui, eu pedirei para me afastar da tarefa. O mais rápido possível, vou submeter sua palavra à nossa direção e também a todos do grupo mediúnico. Minha decisão já está tomada.

– Navegamos no barco do Cristo, Marcelo, e ninguém é obrigado a enfrentar as ondas do mar alto e agitado. Muitos preferem a calmaria, outros sequer querem sair da praia. Nós outros, que desejamos servir e não ser servidos, somos convocados às fileiras intensas de trabalho e ascensão. Sua decisão deve ser respeitada; afinal, quem se afasta faz melhor do que muitos que ficam, mas emperram o serviço do Cristo, perdendo a oportunidade, pois não assumem o ônus de serem pedras do caminho.

E para encerrar, quero convidá-los para que, dentro de algumas noites, participem conosco de uma atividade de esclarecimento no Hospital Esperança.

Vamos buscá-los à noite, durante o sono físico, a um congresso de suma importância sobre o futuro dos grupos mediúnicos brasileiros. Quem estiver com a mente aberta tem vaga garantida.

No mais, desejo-lhes sensibilidade apurada para o respeito e a bondade diante de nossas reflexões dessa noite. O Cristo continua nos chamando para caminharmos uma milha[10]. Que Ele nos proteja nessa jornada. Paz aos seus corações!

A reunião daquela noite foi encerrada. Ficou um clima inamistoso entre Marcelo e Ricardo, algo comum nas atividades da casa. Larissa ficou reflexiva e muito sensibilizada.

Foi uma noite de muitas bênçãos que traria novos horizontes àquela agremiação.

---

10 Mateus, 5:41.

CAPÍTULO 5

# EXUS E GUARDIÕES,
## OS REGENTES DOS CARMAS

Alguns dias depois dessa atividade mediúnica, Natasha resolveu procurar o Centro Espírita Luz e Amor. Estava muito angustiada com tudo o que aconteceu e precisava de ajuda.

Chegando ao grupo, notou os olhares e cochichos de alguns trabalhadores que sabiam da história entre ela e Luiz. Mesmo ninguém tendo provas do caso entre eles, os trabalhadores tinham certeza de que o dirigente a havia ajudado financeiramente, com recursos da casa.

Um clima desconfortável se estabeleceu com sua chegada. Atendida na recepção por Joana, disse:

– Boa noite! Meu nome é Natasha. Estou precisando de ajuda espiritual.

– Boa noite! Sabemos quem você é, Natasha – falou Joana com rispidez, constrangendo ainda mais a moça.

– Não estou nada bem.

– A vida é assim, moça. Colhemos o que plantamos – a atendente voltou a alfinetar, enquanto Natasha mantinha-se indiferente.

– Eu gostaria de tomar um passe e falar com alguém.

– Vou encaminhá-la, pode sentar-se ali – e apontou para a sala de espera, com desdém.

Natasha estava acompanhada por aqueles dois exus, e um deles foi o que conversou com Marcelo. Ao ouvirem o modo como Natasha foi tratada, olharam juntos para a região do estômago de Joana e, em nosso mundo astral, pudemos ver claramente um fio de cor vermelho vivo, florescente, saindo dos seus olhos e atingindo em cheio o umbigo da atendente.

Não se passaram cinco minutos e Joana saiu correndo para o banheiro, contorcendo-se com cólicas dolorosas.

Rafael, aquele jovem que sempre nos acompanha nas atividades, perguntou:

— Pai João, como pode isso?

— Força mental, meu filho. Eles não gostaram do tratamento dispensado a Natasha e reagiram com intuito de protegê-la. Temos esclarecimento sobre essa ação magnética em O livro dos espíritos, questão 552, que diz:

> "Que se deve pensar da crença no poder, que certas pessoas teriam, de enfeitiçar?
>
> Algumas pessoas dispõem de grande força magnética, de que podem fazer mau uso, se maus forem seus próprios Espíritos, caso em que se torna possível serem secundados por outros Espíritos maus. Não creias, porém, num pretenso poder mágico, que só existe na imaginação de criaturas supersticiosas, ignorantes das verdadeiras leis da Natureza. Os fatos que citam, como prova da existência desse poder, são fatos naturais, mal observados e sobretudo mal compreendidos."

— Mas isso pode acontecer assim, dentro de um centro espírita?

— E por que não? Seria como perguntar se os maus-tratos e a falta de fraternidade podem acontecer no centro espírita.

— Refere-se à conduta de Joana?

— Sim. Se aqui, numa casa de amor, pôde acontecer a desconsideração e os maus-tratos por parte dela, que é esclarecida e cumpre uma função de atendente, por que os defensores de Natasha seriam impedidos de se sentirem agredidos? Centro espírita não é um oásis de perfeição. Ao contrário, é um pronto socorro no qual os doentes chegam como são e como estão, incluindo os colaboradores. A paz e a proteção derramada do mais alto aos núcleos espíritas são coerentes com a Lei de Amor, mas não impedem as pessoas de pensarem, sentirem e agirem de acordo com aquilo que constitui rotina em suas experiências diárias, principalmente no terreno das emoções, dos pensamentos e das atitudes.

Esses espíritos que acompanham Natasha entraram aqui como seus protetores, não vieram com a intenção de ferir ou causar tumulto. Mas ao perceberem o descaso e a ofensa expressos na forma como ela foi tratada, reagiram. Caso o comportamento da atendente fosse outro, nada disso teria acontecido.

— Se contarmos isso aos encarnados, eles não vão acreditar. Eu, do lado de cá, estou custando a assimilar!

— Não existe esse tipo de conduta nas relações humanas dos encarnados?

— Sim, eu sei, mas...

— Entre os desencarnados as relações estão sujeitas à mesma lei, só que agravada por conta da habilidade que cada um desenvolve fora da matéria. As pessoas deveriam se tratar com mais gentileza, mesmo com quem não simpatizam. Nunca se sabe quem são as companhias espirituais daqueles que não nos agradam.

– E esses dois que estão sempre com Natasha? Afinal, quem são? Por que a protegem tanto?

– São exus quiumbas[1] a serviço de Sete Trevas. Cumprem o papel de protetores temporários da moça. Na verdade, por conta dos muitos afazeres de Sete Trevas, eles a estão acompanhando a fim de proteger a criança que vai nascer. São dois soldados experientes em magia e que participaram do socorro ao filho de Sete Trevas que está renascendo.

– Exus?

– Sim, soldados. Policiais que participaram do resgate desse espírito.

– Por que passam tanto tempo com ela?

– Existe o risco de credores do reencarnante, desencarnados, desejarem frustrar a gestação. Ele foi retirado de sítios muito sombrios em função das perversidades de outros tempos. Sete Trevas se sente muito responsável pela queda do filho de outrora.

– Pai João, morrer tem uma vantagem: o Espiritismo que aprendemos nos livros ganha realismo.

– Você tem toda razão, meu filho. Sua frase deveria ser estampada em todas as casas doutrinárias a fim de que as

---

1 Deixaremos aqui a associação do termo "exu" com "quiumba" para mostrar que, apesar da divisão entre eles feita por pai João no livro, existe no mundo espiritual o fato de os quiumbas serem chamados para prestar serviços do bem, assumindo os trabalhos dos exus para sua própria melhoria, como no caso referido. (Nota do médium)

tarefas de intercâmbio mediúnico se abram para novos e mais amplos voos de entendimento.

– Joana se permite um comportamento discriminatório com Natasha porque interpreta a ligação dela com Luiz dentro de uma ótica reducionista. É um julgamento desumano e parcial, como se Natasha fosse apenas uma intrusa causando mal, uma obsidiada que veio para perturbar.

A invigilância de Joana é injustificável. Porém, não podemos recriminá-la também. Faz parte das limitações dela. O julgamento ainda é uma conduta inerente ao nosso estágio espiritual. Raras vezes conseguimos nos afastar de condenar e censurar o próximo.

– Poderíamos, então, chamar essas entidades de protetores?

– Se pegarmos bem na letra da obra básica, poderíamos chamá-los de familiares.

– Familiares?!

– Vamos rever a questão 514 de O livro dos espíritos:

> "Os Espíritos familiares são os mesmos a quem chamamos Espíritos simpáticos ou Espíritos protetores?
>
> Há gradações na proteção e na simpatia. Dai-lhes os nomes que quiserdes. O Espírito familiar é antes o amigo da casa."

Das explicações acima e das observações feitas sobre a natureza dos Espíritos que se afeiçoam ao homem, Kardec desdobrou as seguintes reflexões:

"O Espírito protetor, anjo de guarda, ou bom gênio é o que tem por missão acompanhar o homem na vida e ajudá-lo a progredir. É sempre de natureza superior, com relação ao protegido.

Os Espíritos familiares se ligam a certas pessoas por laços mais ou menos duráveis, com o fim de lhes serem úteis, dentro dos limites do poder, quase sempre muito restrito, de que dispõem. São bons, porém muitas vezes pouco adiantados e mesmo um tanto levianos. Ocupam-se de boa mente com as particularidades da vida íntima e só atuam por ordem ou com permissão dos Espíritos protetores.

Os Espíritos simpáticos são os que se sentem atraídos para o nosso lado por afeições particulares e ainda por uma certa semelhança de gostos e de sentimentos, tanto para o bem como para o mal. De ordinário, a duração de suas relações se acha subordinada às circunstâncias.

O mau gênio é um Espírito imperfeito ou perverso, que se liga ao homem para desviá-lo do bem. Obra, porém, por impulso próprio e não no desempenho de missão. A tenacidade da sua ação está em relação direta com a maior ou menor facilidade de acesso que encontre por parte do homem, que goza sempre da liberdade de escutar-lhe a voz ou de lhe cerrar os ouvidos."

– É verdade, pai João. Eles se enquadram bem dentro da definição de familiares.

– Os dois guardam muita gratidão a Sete Trevas por intercessões junto a laços de afeto deles mesmos, ainda na matéria. Hoje prestam serviços diversos a ele e compõem uma hierarquia formada por falanges comandadas por sua desenvoltura em magia, adquirida desde sua reencarnação no Egito, como Ammit.

Enquanto isso, Natasha esperava seu atendimento fraterno e notava os olhares recriminadores que os trabalhadores do centro dirigiam a ela. Os exus mantinham-se atentos, formando uma rede de proteção ao seu redor.

Tomada por pensamentos dolorosos, deixou que as lágrimas corressem livremente. Quando levava um lenço aos olhos, foi chamada gentilmente por Ricardo, que faria seu atendimento.

– Olá, seja muito bem-vinda, Natasha! Meu nome é Ricardo e serei seu atendente esta noite.

– Obrigada, senhor Ricardo. Agradeço por sua atenção. O senhor também já me conhece, não é?

– Sim, sei quem é você.

– Obrigada por me acolher. Estive quase desistindo diante dos olhares de algumas pessoas contra mim.

– Perdoe meus companheiros, Natasha. Os trabalhadores do Cristo não são pessoas perfeitas, pois também têm suas lutas íntimas. Mas vamos lá. O que a traz aqui? - indagou, desviando o assunto.

– Desde o dia em que Luiz passou mal não tenho tido mais sossego. Aliás, muito antes de ele adoecer, já estávamos em uma tormenta na nossa convivência. Só que agora, sinto-me mais abandonada do que já estava, sem trabalho e sem nenhum amparo. Corro o risco de ser despejada por falta de pagamento do aluguel e não tenho a quem recorrer. Apesar dessas penúrias materiais, o que mais gostaria era que me ajudassem a entender o que está acontecendo comigo. Choro sem parar, tenho dor no peito, falta de ar, sinto uma tristeza que não passa, não durmo bem e vivo com muito medo.

– Natasha, minha filha, permita-me chamá-la assim. Eu posso lhe fazer uma pergunta pessoal? Comprometo-me a manter sigilo, em nome da caridade.

– Claro, fique à vontade.

– O que dizem sobre você e Luiz é verdade? Vocês estão tendo um caso? Você está mesmo grávida dele?

– Sim, é tudo verdade.

– Então, está mesmo esperando um filho dele? – perguntou no intuito de confirmar as informações mediúnicas vindas por dona Helena.

– Sim, estou.

– Certo, agora entendo melhor sua situação. Não deve estar sendo fácil mesmo.

Natasha começou a chorar, enquanto Ricardo mantinha o olhar para o alto, como se buscasse palavras e inspiração para que pudesse auxiliá-la naquele instante.

– Mas o senhor, pelo amor de Deus, não comente isso aqui. Nem sei o que fazer daqui para frente...

— Mantenha-se confiante, Natasha. Meu único propósito ao perguntar é dimensionar melhor o que dizer a você em uma situação dessas.

— Eu preciso de muita ajuda.

— Eu sei, eu sei!

Ricardo, sentindo um arrepio nos braços, fechou os olhos, pegou as mãos da moça e, tomado de uma força externa, falou:

— Você vai precisar de um tratamento de choque, pois aqui não temos os recursos dos quais precisamos para ajudá--la.

Assim que ouvimos Ricardo pronunciar essas palavras, um *flash* de luz verde cobriu todo o seu corpo, instantaneamente, e vimos que foi se formando outra silhueta humana em meio à sua aura. Em segundos, um índio foi se definindo. Era o Caboclo Pena Branca[2]. Ao receber a entidade amiga que passou a lhe orientar as palavras, o médium ficou, imediatamente, de pé.

Quando ouviu aquelas palavras, Natasha perguntou:

— Como assim um tratamento de choque?

— Você já procurou um centro de Umbanda, não é mesmo?

Assim que Ricardo fez essa pergunta, os dois exus se entreolharam e ficaram um pouco mais distantes da cena, dando a entender que respeitavam aquele ser que acabara de chegar.

---

2 "Caboclo Pena Branca" é o nome de uma falange composta por índios e filhos de índios com brancos.

– Sim. Como o senhor sabe?

– Você fez um pedido. Algo a respeito de Luiz, certo?

– Foi sim... - falou meio sem jeito.

– Isso ativou um carma. Você foi atendida e protegida pelo Exu Sete Trevas, não foi?

– Exatamente! Como o senhor sabe de tanta coisa? Nunca disse nada a ninguém!

– Ele lhe fez alguma promessa?

– Fez sim.

– E aconteceu?

– Ainda não.

– Você tem merecimentos, Natasha, e seu pedido ativou leis cármicas entre você, Luiz e algumas entidades desencarnadas.

– E isso é bom ou ruim? Eu não entendo bem.

– Não se trata disso. O que pode acontecer a partir desses pedidos é que faz a diferença. Você vai precisar de uma gira de exus em um terreiro de Umbanda, pois eles têm o poder de interferir em seu caso.

– Eu não entendo. O que eu faço?

– Este irmão frequenta a Tenda de Umbanda Pai Benedito e pode acompanhá-la na consulta. O que acha?

– Se isso for me ajudar em alguma coisa, claro que eu vou. Eu gosto da Umbanda, embora não entenda nada.

– Não se preocupe, Natasha. Marcaremos a visita. Vá tomar um passe agora. Você vai se sentir bem melhor.

Terminado o diálogo, o índio se afastou do médium, que retornou à normalidade. Acompanhando de perto o que se passava, Rafael expressou:

– Pai João, não entendi nada. Que negócio é esse de ativar carma?

– Nossas palavras, atos e pensamentos são ativadores de carma, Rafael.

O nosso corpo mental inferior é um repositório de arquivos quânticos, um banco de memória que guarda os resultados de nossas escolhas, isto é, nele temos um mapa perfeito dos carmas que assumimos na esteira das reencarnações, constituído de autênticas cadeias de DNAs vibratórios - genomas astrais. O registro da infindável viagem do espírito na sua jornada para Deus.

Tais cadeias são ativadas de conformidade com a natureza emocional e mental que escolhemos viver.

Natasha, Luiz e Sete Trevas se reencontraram por força desse genoma astral, dessa força que os manteve unidos em conexões profundas e determinantes do caminho de cada um.

Quando ela conheceu Luiz, mesmo casado e com compromissos com a família, todo esse passado entrou em ressonância. Poderiam, caso quisessem, definir novos rumos a esses laços. No entanto, deixaram a paixão governar seus sonhos e passaram a se relacionar, há mais tempo. E quanto mais assumiam os vínculos de amor, mais ativado era o genoma astral da época do Egito.

Mais tarde, quase um ano depois desse reencontro, Natasha procurou um centro de Umbanda que atendia aos petitórios das pessoas atormentadas por interesses pessoais e pelo egoísmo. Foi lá que ela encontrou Sete Trevas e, assim, toda a história começou a ser remontada entre o trio Ammit, Kafra e Núbia.

A interferência espiritual foi enorme porque Sete Trevas, ao identificar quem era Luiz, armou-se para uma vingança. Em resumo, ativou a interferência de protetores e guardiões que fizeram acordos compensadores para ele, amenizando com sua intercessão as repercussões dessa vingança e trazendo a história até os dias de hoje, na atual configuração em que permanece. Vendo que seria impossível separar os dois, em função da intercessão dos amigos espirituais que velavam pelo caso, Sete Trevas considerou como sendo a melhor alternativa providenciar o retorno do filho, o que aliviaria suas culpas e manteria Natasha mais perto de si. Em troca, deu sossego a Luiz, pois do contrário destruiria sua vida em caminhos muito infelizes, nas sarjetas da vida.

É a vida promovendo o retorno do passado. Isso é o carma. A vida que volta na mesma medida e contexto, nas armaduras emocionais e mentais idênticas às do pretérito, propondo um aprendizado novo, uma chance de estabelecer caminhos renovadores.

Natasha, mesmo sendo a mais isenta de ações negativas no passado, pediu ajuda para obter a separação de Luiz.

E pediu logo para quem? Sete Trevas. São os pactos com os espíritos, como diz a questão 549 de O livro dos espíritos:

"Algo de verdade haverá nos pactos com os maus Espíritos?

Não, não há pactos. Há, porém, naturezas más que simpatizam com os maus Espíritos. Por exemplo: queres atormentar o teu vizinho e não sabes como hás de fazer.

Chamas então por Espíritos inferiores que, como tu, só querem o mal e que, para te ajudarem, exigem que também os sirvas em seus maus desígnios. Mas, não se segue que o teu vizinho não possa livrar-se deles por meio de uma conjuração oposta e pela ação da sua vontade. Aquele que intenta praticar uma ação má, pelo simples fato de alimentar essa intenção, chama em seu auxílio maus Espíritos, aos quais fica então obrigado a servir, porque dele também precisam esses Espíritos, para o mal que queiram fazer. Nisto apenas é que consiste o pacto."

O acordo entre Sete Trevas e Natasha teve alcance porque havia espaço dentro da Lei para acontecer. Por trás de um pedido de separação, para ela aparentemente justo em função de estar tomada pelo desespero de uma vida solitária e com duras provas materiais, a jovem ativou leis quânticas em estado latente nos corpos mentais inferiores dela própria, de Luiz e de Sete Trevas.

Poderíamos mesmo afirmar, usando o fundamento quântico dos universos paralelos, que o "Pedi e obtereis"[3], na

---

3 Mateus, 7:7.

mensagem de Jesus, é uma fórmula matemática de infinitas possibilidades nos universos paralelos internos[4] do espírito.

Entre as infinitas possibilidades de ação desses universos íntimos, um pedido desse nível pode causar modificações nas leis vibratórias em uma escala variável, desde um simples mal-estar até a perda do próprio corpo material pela morte.

O pacto é uma forma de variação de campos energéticos, repercutindo na vida se estiverem dentro das leis cármicas de cada um.

Os fatores que definem a equação cármica são a intenção, a natureza moral e o conhecimento que a pessoa dispõe para agir a respeito do que pede.

As intenções não tão nobres de Natasha com Luiz e vice-versa, a natureza moral do trio e o conhecimento que dispõe Sete Trevas sobre como gerir o carma são os principais fatores que definiram os acontecimentos, envolvendo ainda outras pessoas com menos influência em suas decisões, como a família de Luiz, os companheiros no centro espírita, as entidades que assessoram Natasha e até mesmo nós, que fomos convocados a agir na história que lhes pertence.

Carma é isso, uma história que construímos, novelos de linha vibratória que se entrecruzam e formam nós no encadeamento de causas.

---

4 Levando-se em consideração as múltiplas reencarnações de cada ser, podemos entender que esses "universos paralelos internos" podem estar ligados às várias personalidades e ao acervo de experiências vividas pelo espírito em cada uma delas.

Natasha-Núbia ativou sua história de amor com Luiz-Kafra – despertando a influência de Sete Trevas-Ammit.

Sete Trevas também ativou sua história de ódio com Luiz, desejando-lhe todo o mal.

Luiz ativou sua tendência de manipular as pessoas para alcançar o que deseja ao tentar novamente se aproveitar de Natasha, sem suspeitar das ardilosas manobras que Sete Trevas lhe impôs, nos últimos tempos de sua vida, no campo financeiro e da saúde.

Temos aí todos os componentes das lições não aprendidas em um passado de sofrimentos.

– Que sério isso, pai João!

– Muito sério.

– Desse jeito, dá medo até de viver! Um pedido, uma intenção, pode determinar repercussões muito sérias numa vida.

– A Lei é justa, Rafael, mas é também misericordiosa. Ninguém ativa uma história, sem ativar também um pedido de amor e proteção ao universo. Imagine nossas histórias de dor e quedas como fios dispostos que se interconectam debaixo das águas salgadas do mar. Em torno deles temos a abundância da Bondade Divina, a água volumosa e penetrante do amor de Deus.

Além disso, temos os regentes cármicos sempre atuando para que essa misericórdia alcance as histórias de cada um na humanidade.

– São os exus?

– Entre eles, os exus, mas além destes aos quais nos referimos, há os que atuam como organizadores do caos e os aplicadores da justiça e do amor.

Não é sem razão que se diz: "Sem exu, não se faz nada".

Eles são espíritos detentores de habilidades mentais para abrir e fechar portais[5]. Por conta do nível de suas características morais, são imponentes, fortes, destemidos e algumas vezes até rudes de tão diretos. Captam habilmente a energia da injustiça, pois a farejam com a mente. Mais do que pensamentos e emoções, são capazes de ler as intenções por trás delas e, por essa razão, desenvolveram a capacidade de saber quem mente e quem fala a verdade. Penetram com extrema facilidade nas memórias cármicas do corpo mental inferior e dominam a arte de aumentar a energia vital das pessoas, seja buscando na natureza ou mesmo em outros encarnados. Em virtude de sua força mental, interrompem processos de magias, dissolvem energias tóxicas da aura, eliminam bactérias astrais que se alojam nos chacras e são capazes de, em minutos, promover um asseio de energias deletérias, das quais uma pessoa levaria anos para se livrar.

Porém, apesar de serem reconhecidos por essas qualidades de ordenadores e regentes de leis, têm suas gradações morais.

As iniciativas e ações de um quiumba que se aproxima dos trabalhos dos exus, de um exu batizado ou coroado,

---

5 Os "portais" são campos energéticos que permitem passagem a dimensões diferentes no astral.

ou dos Guardiões dos caminhos, vão depender muito do valor moral que possuem.

Em sua origem, os exus são os agentes do progresso e da felicidade humana e trabalham também para que a justiça se cumpra nas linhas sublimes do amor. Sua função é decantar a negatividade desse planeta. São autênticos lixeiros do astral e executores dos destinos humanos.

Alguns deles desenvolveram tanto o terceiro olho – percepção pelo chacra frontal – que são capazes de ultrapassar os limites vibracionais dos corpos mais profundos até chegar ao mental superior, de onde tiram recursos de avanço para cada pessoa.

São capazes de identificar as chamadas encruzilhadas energéticas[6], fragmentar os corpos sutis, organizá-los, fechar os corpos, proteger ambientes sociais e astrais como autênticos policiais. Nenhuma organização humana vive sem a proteção deles.

Os verdadeiros exus têm, entre outros, dois pilares que lhes permitem exercer seu papel com eficácia:

1. Têm acesso aos tribunais do carma nas esferas maiores;

2. São espíritos que desenvolveram largas possibilidades de clariaudiência, de clarividência e de transfiguração da sua forma e aparência.

Um espírito filiado a esses tribunais é alguém preparado e autorizado para administrar débitos e créditos,

---

6 "Encruzilhadas energéticas" ou vibratórias são construídas por pontos de encontro dos caminhos energéticos que se cruzam, criando passagens compostas pelas diversas faixas de frequência de vida dos planos físico e espiritual.

individuais e coletivos, tornando-se um falangeiro do Arcanjo Miguel.

Essa tarefa é entregue aos Guardiões, entre eles, muitos exus. São espíritos cuja função no universo é organizar, dar equilíbrio e trabalhar pela ordem. Pelo preparo mental e moral, eles desenvolveram três conquistas principais para o cumprimento dessa tarefa:

1. A capacidade especialíssima de identificar a energia da intenção e do desejo;

2. A força mental para radiografar as matrizes de ressonância cármica no corpo mental inferior;

3. A extrema sensibilidade para prever o futuro.

Os exus, diferentemente dos tribunais humanos que precisam de provas criminais, montam a história da pessoa na hora. São capazes de tocar em um corpo sem vida e rever tudo que aconteceu em seus últimos minutos de existência, descobrindo se houve crime e a causa da morte. Detectam a mentira pelo timbre de voz, são capazes de se abster da influência de qualquer sentimento da pessoa e identificar o desejo mais profundo da criatura; por essa razão, são muito eficazes em desvendar o futuro, verificando as circunstâncias mais prováveis de se concretizarem em torno de cada um.

Por conta desses e outros atributos, os exus e os Guardiões podem interferir no encadeamento de causas em favor da ordem e do bem, adiantando ou adiando desencarnações, suprimindo doenças ou adoecendo quem necessite de freio, impedindo grandes deslizes, mudando destinos e interferindo nas formas mais inusitadas na vida humana.

Como agentes cármicos, atuam na lei conforme a atitude das pessoas, estando presentes em todos os lugares com sua capacidade de identificar a energia do merecimento, as garras da vibração da maldade e a raiz dos males que cada pessoa carrega.

Dotados de uma extrema capacidade de ver e sentir no tempo e no espaço – pela clarividência e clariaudiência –, conseguem interferir com justiça no carma, em consonância com os orientadores dos planos espirituais mais elevados. Os homens na matéria, a rigor – mesmo os adeptos do Espiritismo e das doutrinas espiritualistas –, ainda não possuem uma noção exata da participação ativa e maciça dessas entidades na vida do ser humano e no planeta.

– Meu Deus, pai João! Isso precisa ser revelado aos homens na matéria!

– Será, brevemente. Haverá um congresso no Hospital Esperança que vai organizar medidas urgentes neste assunto.

– Eu mesmo, quando ainda nas fileiras do Espiritismo, tinha um tremendo preconceito com os exus. Não sem razão porque, em algumas poucas comunicações que presenciei, eles foram, na verdade, muito mal-educados.

Visitei uma casa umbandista onde havia imagens de dar medo, com chifres, olhares repugnantes e feições diabólicas. Os médiuns fumavam grandes charutos, mandavam palavrões olhando na sua cara, portavam tridentes e bebiam cachaça.

Aqui mesmo, diante desses dois exus que acompanham Natasha, poderíamos dizer que, se fossem descritos por algum médium, em uma reunião mediúnica, certamente seriam confundidos com um sambista malandro ou algo parecido, por usarem ternos brancos, grandes brincos redondos nas orelhas, carecas raspadas e brilhantes, chapéus Panamá, lenços vermelhos milimetricamente ajeitados nos bolsos dos paletós com pontas para fora combinando com as gravatas também vermelhas e de um tecido que lembra um cetim, e com os sapatos brancos. Enfim, lembram muito os malandros cariocas.

– E são malandros, não tenha dúvida. Toda a falange de Sete Trevas tem trajes similares e servem ao Exu Coroado, Zé Pelintra[7], cujo estilo de manifestação é a do malandro carioca.

– Queria estudar mais sobre o assunto. Depois desses episódios envolvendo nossos irmãos Natasha, Luiz, Sete Trevas e o Centro Espírita Luz e Amor, estou bastante intrigado com o tema.

– Essa é uma boa iniciativa, Rafael.

---

7 "Zé Pelintra" é uma das mais importantes entidades de luz de cultos afro-brasileiros. Sua linguagem e atuação granjeiam o respeito e a simpatia de todos. É invocado quando seus seguidores precisam de ajuda nas questões domésticas, de negócios ou afetivas e é respeitado como obreiro da caridade e das obras boas. É tido como protetor dos pobres e das classes menos favorecidas, tendo ganhado o apelido de "Advogado dos Pobres", pela proteção espiritual e material que realiza. Sua falange é muito atuante.

CAPÍTULO 6

# SOCORRO ESPIRITUAL

## NA GIRA DE EXU COM ZÉ PELINTRA

Passados alguns dias, dona Helena e Ricardo marcaram a visita de Natasha na Tenda de Umbanda Pai Benedito e, no caminho, deram carona para ela:

– Olá, Natasha, tudo bem?

– Olá, senhor Ricardo, estou bem melhor.

– Esta é Helena, médium da nossa casa espírita.

– Prazer, dona Helena.

– O prazer é meu, minha filha.

– Estamos felizes que você decidiu firmemente pela visita - disse Ricardo.

– Preciso muito, senhor Ricardo. Depois daquele dia eu melhorei um pouco, mas tenho a sensação de que tudo está voltando - falou a jovem, olhando para dona Helena.

– Pelo que vejo, - interveio dona Helena de imediato - há muito para ser feito em você.

– Estou tão ruim assim? O que a senhora consegue ver?

– Muita energia pesada que você carrega sem necessidade.

– Devo ser mesmo uma pessoa muito ruim para estar assim.

– Minha filha, é difícil encontrar alguém que não esteja assim. Você não é ruim, uma vez que, para acumular uma farta dose de energias desse tipo, não precisa ser ruim.

Nos dias de hoje, a Terra está com um lixo astral tão volumoso que basta pronunciarmos uma palavra de pessimismo que, instantaneamente, respiramos coisas ruins pela aura.

– Então eu devo estar carregada de entulho, dona Helena.

– Natasha, comparemos o campo energético ao corpo humano. Não fazemos higiene contínua com banho e assepsia diária ao nosso organismo?

– Sim... E se não fizermos, adoecemos.

– Na aura é a mesma coisa. Precisamos de muitos banhos diários de oração, de bons costumes, de cuidados com o clima emocional e de boa vibração em favor do próximo para assearmos nosso campo invisível.

A conversa entre o trio emanava simpatia e desejo de aprender. Dona Helena, sempre muito carinhosa, acolheu Natasha como uma mãe.

Chegando à tenda, foram recebidos pelos irmãos, com saudações de paz e saúde.

Natasha olhou para aquele templo, pintado de branco, e sentiu-se como uma criança deslumbrada. Antes da porta de entrada para o salão, do lado direito, havia uma estátua de Zé Pelintra em tamanho natural, e do lado esquerdo uma estátua de Maria Mulambo, a pombagira que orientava as atividades da tenda. As estátuas das duas entidades foram saudadas por Ricardo e dona Helena.

Ricardo, percebendo que Natasha não sabia o que fazer, a ensinou:

– Faça assim, Natasha. Curve-se um pouco diante da imagem, bata três palmas e diga: "Laroyê, Exu! Exu é mojubá!". Eu te saúdo, seu Zé Pelintra!

Agora venha aqui, faça o mesmo e diga: "Laroyê, Exu! Exu é mojubá!". Eu te saúdo, Pombagira Maria Mulambo.

Assim que ela pronunciou o nome de Maria Mulambo, relatou:

– Jesus! O que é isso?

– Sentiu algo, Natasha?

– Estou zonza e completamente arrepiada. Nunca me aconteceu algo assim!

Amparada por Ricardo e dona Helena, eles foram entrando para tomar lugar na assistência, local onde ficavam os visitantes da noite.

A sessão já estava começando quando Natasha voltou ao normal.

O sacerdote e chefe daquele terreiro, pai Jeremias, abriu os trabalhos saudando os exus e pedindo deles a proteção. Uma mulher saiu em direção à Tronqueira[1], onde estavam os Assentamentos de Exu[2], na entrada da casa, para acender velas e levar oferendas.

---

1 Poderoso ponto de energia que opera como um para-raios, um campo magnético que impede as forças hostis de frequentarem o ambiente religioso de forma inadequada. Exus e pombagiras se utilizam dos recursos disponibilizados na "tronqueira" para beneficiarem os trabalhos que estão sendo realizados nos centros de Umbanda.

2 "Assentamentos de Exu" são feitos na tronqueira, antes de qualquer trabalho ser iniciado, para firmar o exu a fim de que ele possa atuar no ambiente espiritual externo do templo, protegendo-o das investidas dos espíritos inferiores que estão vinculados às pessoas que buscam auxílio no centro, com o intuito de livrá-las de suas terríveis atuações e para que o trabalho transcorra em paz e equilíbrio. Uma vez ativada, a tronqueira é um portal sob a regência do Exu Guardião ligado ao Orixá de frente do médium dirigente do templo.

Enquanto isso, pai Jeremias puxou o ponto e a saudação a exu. Os atabaques rufaram, sendo acompanhados por todos os presentes que batiam palmas e cantavam:

*É mojubá, todos exus, é mojubá,*
*É mojubá, todos exus, é mojubá,*
*Seu Sete Encruza[3] na Macaia[4] é mojubá.*

*É mojubá, Seu Sete Encruza, é mojubá,*
*É mojubá, Seu Sete Encruza, é mojubá,*
*Seu Tranca Ruas[5] na Kimbanda[6] é mojubá.*

*É mojubá, Seu Tranca Ruas, é mojubá,*
*É mojubá, Seu Tranca Ruas, é mojubá,*
*Seu Marabô lá na Tronqueira é mojubá,*

*É mojubá, Seu Marabô, é mojubá,*
*É mojubá, Seu Marabô, é mojubá,*
*Seu Gira Mundo[7] na virada é mojubá.*

---

3 "Exu Sete Encruza" está diretamente ligado à abertura de caminhos, pois diante dos problemas sempre oferece várias soluções a serem tomadas.

4 "Macaia" é uma festa na mata em homenagem aos Caboclos de Oxóssi. Nela as frutas doadas pelas pessoas que frequentam a casa são transmutadas em forma de energia e compartilhadas com todos os presentes no templo

5 "Exu Tranca Ruas" é uma entidade que abre ou fecha os caminhos, dependendo da necessidade. Não existe apenas um espírito que trabalha com esse nome, na verdade é uma falange que atua nas trevas em nome da luz e cada uma tem sua história em particular. A entidade que a dirige é um dos principais Guardiões da Umbanda, muito respeitado por seu poder de interferir com eficácia nas causas que lhe são confiadas, sempre agindo com sabedoria e justiça.

6 "Quimbanda" é um conceito religioso de origem afro-brasileira, ainda controverso quanto a sua real definição na atualidade. Por vezes, é classificada como uma religião autônoma, ou identificada por alguns como o lado esquerdo (polo negativo) da Umbanda, que tem todo conhecimento do mundo astral, inclusive da magia negra, e que pode ajudar a fazer o bem. Suas entidades vibram nas matas, cemitérios e encruzilhadas, são também conhecidas como Povo da Rua e abrangem os mensageiros ou Guardiões, Exus e Pombagiras. A palavra Quimbanda (Kimbanda) vem da palavra africana em Bantu que significa "curador" ou "shaman", e também se refere a "Aquele que se comunica com o além".

7 "Gira Mundo" é um exu de grande reputação em função das intervenções que realiza. É chefe de falanges que trabalham com esse nome porque tem poder de estar em diversas esferas espirituais, atuando em várias frentes, deslocando-se no tempo e no espaço, correndo pelo mundo até resolver o problema. Atingiu um grande grau de evolução para comandar e ensinar outros exus. Atuando nos terreiros ou fazendo algum trabalho específico, são fiscais das esferas

*É mojubá, Seu Gira Mundo, é mojubá,*
*É mojubá, Seu Gira Mundo, é mojubá,*
*Seu Tiriri[8] lá no retorno é mojubá.*

*É mojubá, Seu Tiriri, é mojubá,*
*É mojubá, Seu Tiriri, é mojubá,*
*Seu Pinga Fogo[9] na magia é mojubá.*

*É mojubá, Seu Pinga Fogo, é mojubá,*
*É mojubá, Seu Pinga Fogo, é mojubá,*
*Sá Pombagira na defesa é mojubá.*

*É mojubá, Sá Pombagira, é mojubá,*
*É mojubá, Sá Pombagira, é mojubá.*

*É mojubá, todos Exus, é mojubá,*
*É mojubá, todos Exus, é mojubá.*

Do lado de cá, no mundo espiritual, podia-se perceber claramente que, como resultado do cântico entoado e dos sons dos instrumentos, se formou um turbilhão de forças astrais de coloração vermelha, com o vértice virado para cima e a boca para baixo. Aquele tufão invertido se desfez assim que os atabaques cessaram e sua aura avermelhada

---

espirituais, encaminhando e coordenando outras entidades a fim de que possam encontrar a luz e a remissão. São grandes amigos e jamais abandonam os que lhes são caros.

8 "Exu Tiriri" é uma entidade de luz que trabalha na caridade, em nome de Deus, auxiliando os necessitados. É um Exu de Lei e sua falange luta contra espíritos sem luz como os quiumbas, eguns e zombeteiros, afastando-os dos consulentes necessitados a fim de que possam receber a abertura de caminhos, as limpezas, os descarregos, os tratamentos de saúde física e mental. A falange é composta por vários Tiriris, a saber: Seu Tiriri das Encruzilhadas, Seu Tiriri das Matas, Seu Tiriri Menino, Seu Tiriri da Kalunga, Seu Tiriri das Almas, Seu Tiriri da Figueira, Seu Tiriri do Cruzeiro, Seu Tiriri da Meia-Noite, entre outros.

9 "Exu Pinga Fogo" é chefe de legião que atua no desmanche de trabalhos de magia negra, socorrendo as almas desesperadas – por isso é também conhecido como Exu das Almas. Corta toda energia relacionada aos sacrifícios de animais, ao uso de bonecos, agulhas, dedal, alfinete; enfim, tudo que se relaciona com o Reino do Bruxedo – regiões do astral inferior. São espíritos de grande poder e autoridade, mas extremamente misericordiosos com os sofredores.

se manteve e se esparramou no ambiente. Um som, como se alguém viesse cortando o vento, pôde ser ouvido no plano espiritual, vindo da porta de entrada. Percebemos a chegada da entidade Zé Pelintra, que se deslocava no ar com incrível velocidade, fazendo com ele várias órbitas em torno da casa, com uma destreza incomparável. Ele volitava com extrema habilidade.

Pai Jeremias, sentindo sua presença, mais uma vez saudou os exus, pediu que os ogans[10] comandassem a curimba[11] e, então, incorporou.

O mesmo ocorreu com os demais quarenta médiuns da corrente, cada qual incorporando suas entidades de costume. De repente, vimos todos os médiuns com aquela coloração avermelhada intensa. Nas médiuns das pombagiras, esse vermelho atingia um brilho próximo do neon.

Era noite de gira de exu na Tenda de Umbanda Pai Benedito, uma das reuniões mais aguardadas mensalmente naquela casa. A assistência estava lotada, em torno de duzentas pessoas, as quais poderiam receber os benefícios das tarefas no contato direto com os exus.

---

10 "Ogan" significa pessoa superior, chefe, dirigente. É o nome que engloba diversas funções masculinas dentro dos centros de Umbanda. São os sacerdotes designados pelos Orixás para não entrarem em transe e permanecerem lúcidos durante todos os trabalhos, mas atuando debaixo de expressiva intuição espiritual.

11 A "curimba" é o conjunto dos instrumentos de percussão e do canto ritualístico. Os instrumentos mais comuns são os atabaques e os pontos cantados, podendo ser só os pontos, mas vários terreiros ainda utilizam pandeiro, agogô, chocalho, afoxé, entre outros. É um elemento importantíssimo à sustentação da energia dos trabalhos, pois tem duas funções fundamentais: a Ritualística (onde os pontos marcam todas as partes do ritual da casa como a defumação, a abertura das Giras, entre outras) e a Concentradora (que auxilia o foco dos médiuns ao atendimento, pois os toques, assim como os cantos, envolvem suas mentes e os preparam para o trabalho espiritual). As ondas energéticas sonoras se espalham por todo o ambiente e dissolvem as energias negativas, desmanchando os miasmas, limpando as formas-pensamento e formando um ambiente psíquico ideal aos atendimentos. É um foco de energia positiva que potencializa as vibrações das entidades superiores.

Formaram-se duas filas de médiuns, que ficaram um ao lado do outro, deixando ao meio um corredor para o trânsito dos consulentes.

Zé Pelintra falou por meio do médium:

– Laroyê exu, boa noite, humanos! Eu sou Zé Pelintra e *tô a trabaio*. Que todas as correntes que servem nas sombras da vida e da morte baixem nesse terreiro. E com proteção de Zambi[12], vamos começar a curimba.

Os ogans começaram a tocar novos pontos de exu, de forma suave, apenas fazendo um fundo sonoro para o trabalho.

As pessoas presentes foram orientadas pelos trabalhadores da casa a escolherem, pouco a pouco, os médiuns para conversarem com as entidades. Somente Zé Pelintra, por meio do pai Jeremias, tinha trânsito livre no terreiro, escolhendo ele próprio com quem queria conversar. Deu várias voltas em torno das fileiras de médiuns e pediu para acender um charuto.

De repente, olhou fixamente para um senhor na assistência, que aparentava ter sessenta anos, e disse:

– Vem cá, *homi* – e o senhor foi trazido até mais perto do médium incorporado. Boa noite!

– Boa noite, seu Zé!

---

12 "Zambi" é o Deus supremo e criador de todas as coisas, dentre outras denominações, criado pelos povos africanos quando foram trazidos ao Brasil. Representa a mais intensa e imensurável energia, é a maior fonte de luz existente, pois não existe nada que se iguale a ele. Alguns povos Bantu chamam Deus de Sukula, Zambiapongo, Kalunga e outros nomes ainda associam-se a estes.

– Que *ocê tá* fazendo aqui no canzuá[13]?

– Vim pedir ajuda e proteção. As coisas estão difíceis. Nada está dando certo.

– Mesmo, *homi*? Como *ocê qué* que *dá* certo?

– *Tá* dando muita zebra nos negócios. A patroa *tá* enjoada. Sabe como é, *né*?

– Zebra é prima da mula, ha, ha, ha, ha, ha – deu uma risada em volume máximo.

Quem acha que a risada de exu é apenas costume, não imagina o poder mágico que ela tem. Após aquela gargalhada estrondosa, aquele homem ficou todo envolvido em uma força energética de coloração branca. Vários anéis se formaram em torno dele, lembrando os de Saturno. Eles subiam até a cabeça e desciam até os pés, como se tivessem uma mola que os jogasse do alto para baixo.

– Sentiu, *homi*?

– Nossa, estou todo arrepiado. Deve ter algo muito ruim mesmo, que pegou em mim.

– Tem, tem sim. É seus coice que *ocê* dá nos outros que *tá* amarrando a sua vida. *Ocê* fala que *tá* dando zebra e *ocê* é uma mula.

– Como assim, seu Zé?

– Como assim? Tem que ter educação, *homi*. *Ocê* é motorista de táxi ou coveiro?

---

13 "Canzuá" significa casa, residência, moradia.

– Motorista de táxi.

– É, mas parece coveiro, com aquela cara de morte que *ocê* trata seus passageiros. O povo pede uma coisa, *ocê* esquece e trata com mau humor. Mau humor é doença, é macumba feia que *ocê* mesmo faz. Seu carro *tá* fedendo a mau humor. *Ocê* gosta de ser maltratado?

– Ninguém gosta, não é, seu Zé?

– Então, para de maltratar os outros. Lembra da má resposta que ocê deu para a mulher outro dia?

– Que mulher?

– Vou refrescar sua mente. *Ocê tá* duvidando de mim, né? Então escuta: a mulher perguntou se *ocê* sabia quem fazia um trajeto para outra cidade, perto da capital. E o que *ocê* respondeu para ela, lembra? *Ocê* disse: "A senhora *tá* me achando com cara de balcão de informação? Eu sou motorista de táxi".

É uma mula, isso que *ocê* é! E vem aqui falar que as coisas estão difíceis. Pois *ocê* não sabe com quem mexeu. Aquela mulher que *ocê* deu má resposta é uma feiticeira, meu chapa. *Ocê* dançou nessa.

– Nossa, como o senhor sabe de tudo isso? Ela fez algo para mim?

– Fez sim e agora *ocê tá* perdido.

– O seu Zé vai fazer alguma coisa para me livrar disso?

– Vou pensar. *Vamo* fazer um acordo?

– Vamos. Quanto o senhor quer para desenrolar as coisas?

– Preciso do seu dinheiro não. Aqui não cobro não. Eu cobro é na vida. *Ocê tá* muito mal informado. *Tá* achando que vai chuchar um cheque e *resolvê* sua vida? Veio no lugar errado.

– O que o senhor quer para me ajudar?

– Quero que *ocê vira* um anjo de educação com seus passageiros e com sua patroa. Se em uma semana *ocê* se comportar direito, eu vejo o que posso fazer *procê*. Volta daqui uma semana, mas nem pensa em me enganar. A mudança tem que *durá*.

– O senhor vai ficar me acompanhando?

– Não, não tenho tempo pra isso. Mas tem gente que vai ficar de olho, ah se vai! Agora vai ali no Congá[14], pede perdão por cada patada sua e *acende uma vela.*

Zé Pelintra passava olhando para as pessoas na assistência e dava uma baforada no charuto. Passava perto de alguém, apertava a mão, sondando psiquicamente a pessoa, e ia adiante até que parou perto de um homem com a fisionomia fechada e falou:

– Cara fechada, pra mim, é dor de barriga, *homi. Ocê* acha que eu tenho medo.

– Não, não – falou o homem secamente.

---

14 "Congá" significa altar e tem a função de nutrir o ambiente de energias sagradas. São locais onde, energeticamente, se estabelecem as relações com as divindades e onde se consagram os cultos a elas, construindo uma ponte entre os homens e o sagrado, que é a base forte de proteção aos trabalhos. É composto por imagens de Santos Católicos, Caboclos, Pretos-Velhos, entre outras.

– Tá com medo, *homi*?

– Estou sim.

– Benfeito *procê*. Faz bobagem e não assume. O que *ocê* quer?

– O senhor acha que fiz bobagem? Por que fala isso?

– Por que eu falo isso? Ha, ha, ha, ha, ha, ha! *Tô* certo ou *num tô? Ocê* acha que fez algo errado ou não?

– Acho que não!

– Ah, *ocê* ainda acha que não. Tem que apanhar mesmo. Vai ficar sem essa perna, seu trouxa!

– Como o senhor sabe disso?

– Eu sou Zé Pelintra, criatura. *Num sô os panacas que você quer enganar no mundo, não.*

*Ocê tá* pondo a culpa nos outros e *ocê* também é culpa-do. Fez coisa errada e não quer pagar. Vai ficar igual ao *homi que ocê atropelou.*

– Deus me livre! O senhor, ao invés de me ajudar, tá ro-gando praga. Eu vim aqui para ser ajudado! – Falou com muita raiva.

– *Ocê* quer ajuda né, pangaré? Mas não quer ajudar. O re-sultado taí. A família do *homi* que *ocê* atropelou quer seu mal.

– Fizeram algo para mim?

– Fizeram sim.

– O senhor pode desfazer?

– De jeito nenhum que entro nisso! *Ocê tá* pagando o preço justo. Atropela o *homi, tava* errado, aleija o cara e não quer prestar ajuda: *taí* o resultado, vai ficar com a perna igual a dele. Não posso entrar nisso não. Sou da justiça, *homi.*

*Vem cá, vem aqui mais para perto de mim.*

O homem desceu para o centro do terreiro, ultrapassando a pequena mureta que separava a assistência do local. Zé Pelintra pegou com força no joelho direito do homem. Ele urrou de dor.

– Doeu, *homi*?

– Demais da conta. Está terrível!

– Pois é isso que o cara que *ocê* atropelou está sentindo. Pimenta nos *zóio* dos outros é moleza, né? Vai ajudar ele. Paga a cirurgia dele. *Ocê* tem dinheiro guardado pra que?

– Acho muito injusto...

– Se fosse injusto, Zambi livrava *ocê* dessa dor. Vai pagar o que deve que sua perna melhora na hora.

Assim que acabou de falar, deu outra gargalhada estridente pedindo àquele homem que pensasse na família do atropelado. Com a força da gargalhada, Zé Pelintra fez um asseio das más energias que os conectavam. Não era solução, mas era alívio. A dor da perna dele aliviou na hora. E para finalizar aquele atendimento, disse:

– Quer resolver isso? Enfia a mão no bolso, socorre o *homi* que precisa de cirurgia e volta daqui um mês. Vai ali no Congá, acende vela para Xangô, o justiceiro, e pede clemência.

Enquanto Zé Pelintra rodava o terreiro, os pontos continuavam sendo cantados na tenda. Os demais médiuns, incorporados também, continuavam o atendimento ao público, com uma disciplina invejável. Ouvia-se várias conversas simultâneas, mas tudo isso acontecia sem quebrar a harmonia. Havia uma doce e encantadora energia de sossego e paz no ambiente.

Zé Pelintra continuou andando e se aproximou de Natasha. Pediu para ela descer até o terreiro. Dona Helena a acompanhou.

– Tem dois capangas de Sete Trevas lá fora. Eu vou mandar eles *entrá*. *Ocê* que é médium, *muié*, – falou com dona Helena – sabe quem eles são, né?

– Sei sim, seu Zé.

– Vou mandar eles vir aqui pra escutar a conversa.

– Acho que vai ser bom mesmo – respondeu dona Helena.

Zé Pelintra afastou-se um pouco do médium, pai Jeremias, e conversou com alguns outros exus no ambiente astral que, a uma ordem sua, buscaram os auxiliares de Sete Trevas, trazendo-os para perto deles a fim de ouvirem a conversa. Virou-se, então, para Natasha e disse:

– Essa *muié* que acompanha *ocê*, agora é sua mãe.

– Dona Helena? - perguntou Natasha.

– Sim, ela vai ser sua mãe.

– Minha mãe? Não, ela é minha amiga.

– Num *vô* falar mais não. Vai ser sua mãe. Agora *vamo* falar do que interessa. *Ocê*, moça, quer que o *homi* levanta da cama, né?

– Quero sim, senhor.

– Sabe que ele *tá* pagando por coisa velha? Lá pra trás, ele *pegô* o dinheiro de *comprá* os remédios que podiam salvar muitas vidas. Hoje tá pagando com a própria doença.

– Luiz é um bom homem. Ele tem me ajudado.

– É, *maizomenos*, né? Ele tá muito interessado *nocê*. *Ocê* que acha que ele é bom.

– É, o senhor não deixa de ter razão!

– Razão? Razão não. Só sei das coisas. Ele é meio safado.

– O que o senhor pode fazer por mim?

– *Limpá ocê* de tanta sujeira. *Ocê tá* precisando de uma saraivada de fundanga[15]. Vamos queimar toda essa

---

15 "Fundanga" é pólvora. O ato de queimá-la antes da abertura dos trabalhos ocorre para que todas as energias ruins e intenções infelizes sejam dissipadas. Ela somente é realizada com a presença do Pai ou Mãe de Santo e cria um poder de deslocamento fluídico de partículas que afastam cargas densas de seres levianos que são consumidas através da força do fogo – pela atuação das salamandras. Por meio de uma espiral energética, abre um portal para a dimensão espiritual, no exato momento da queima da pólvora, favorecendo uma desobsessão coletiva, pois os Guardiões, que agem em nome da Misericórdia Divina, buscam os espíritos obsessores, os chefes e todos os seus comandados nas falanges das sombras.

ziquizira[16] que *ocê arrumô* com tanto veneno. Vem cá e me *dá sua mão* esquerda.

Zé Pelintra começou a rodá-la com a mão para o alto em torno de si mesma e dava baforadas de charuto no corpo de Natasha.

Em seguida, levou-a até um canto do terreiro onde o chão era de pedra, fez um círculo de fundanga em torno dela e colocou fogo.

Ela, entre o susto e o impacto energético da descarga, quase desmaiou, sendo segurada por dona Helena. Em seguida, Zé Pelintra aplicou pulsos magnéticos no chacra frontal da jovem.

Passado o maior impacto, ela se sentia outra pessoa.

– *Tá mió, muié?*

– Nossa, estou leve! Sentindo vontade de chorar.

– Pois chora mesmo. Põe pra fora essa peçonha. Se livra disso e segue seu caminho. Os capangas de Sete Trevas vão desfazer a magia que você pediu pra ele, mas *ocê* cuida bem da criança que vai nascer. É cria dele. Se *ocê* cuidar bem da criança, vai ter a proteção da falange de Sete Trevas. O menino que vai nascer é *fio* de pemba[17] e

---

16 Má sorte, energia ruim. Ausência completa de sorte; que está azarento; que tem urucubaca, doença ou afecção cuja origem permanece desconhecida.

17 O termo "pemba" é utilizado com relação aos trabalhadores da Umbanda, que são filhos de pemba, ou seja, estão sob constante amparo da Lei Maior. Isso não é apenas um privilégio, pois há sérios agravantes de compromisso, principalmente se o médium se desvirtua de sua tarefa, casos em que a cobrança é imediata. Contudo, se o médium cumpre bem suas tarefas e é decente, essa lei lhe é favorável porque terá a ajuda das entidades do astral que lhe darão forças para prosseguir. É utilizado também para designar o giz de calcário que identifica, por meio de sinais riscados, as entidades espirituais que atuam no movimento umbandista.

vai trabalhar na Umbanda. Ele tem energia de Oxóssi[18] e vai fazer muita cura nas pessoas.

Natasha estava muito sensibilizada. Mesmo sem entender muita coisa, ela se sentia bem melhor, como nunca esteve. Seu campo energético foi mudado para uma frequência de libertação. Suas histórias com Luiz, as decepções e os problemas dos últimos anos e o susto da gravidez inesperada tinham alterado sua faixa vibratória original. Apesar das lutas pessoais nas áreas afetiva e financeira, ela era uma jovem confiante na vida. A magia de Zé Pelintra resgatou sua energia original.

Esse trabalho de conectar a mente com a fonte primária permite que a pessoa identifique com mais clareza seus anseios de vida, limpe a mágoa e vitalize a vontade de ser alguém melhor. Ela saiu com a sensação de estar mais nova, sentia-se completamente vitalizada. Era surpreendente sua sensação de bem-estar. Em seu coração, a gratidão imensa pelo que estava acontecendo ali elevou seu padrão espiritual.

A gira de exu continuava. Após a ajuda a Natasha, Zé Pelintra pediu um ponto para pombagira e foi a vez de Maria Mulambo incorporar em pai Jeremias:

— Boa noite para quem é de boa noite!

Após o cumprimento, deu uma risada estridente e longa, alterando a faixa astral de todo o trabalho. Pegou um lenço grande e dourado - que o médium sempre deixava à sua

---

18 "Oxóssi" é o Orixá da caça, das florestas, dos animais, da fartura, do sustento. Está nas refeições, pois é quem provê o alimento. É a ligeireza, a astúcia, a sabedoria, o jeito ardiloso para capturar a caça. É um Orixá de contemplação, amante das artes e das coisas belas. É o caçador de axé, aquele que busca as coisas boas para um ilé (casa), aquele que caça as boas influências e as energias positivas.

disposição para os trabalhos –, abriu-o jogando sobre as costas do médium e saiu pelo terreiro.

Os médiuns que não atendiam nenhum consulente naquele momento receberam também outras pombagiras: Sete Saias, Maria Padilha, Rosa da Calunga, Maria Quitéria e várias que chegavam ao terreiro, com suas tradicionais risadas estridentes.

Enquanto caminhava, Maria Mulambo ia saudando todos:

– Sou Maria Mulambo das Almas e vim *trabaiá*, meus compadres. *Toca a curimba que eu vou pra rua.*

E os ogans soltaram o som dos atabaques que, freneticamente, elevava a energia em níveis máximos, cantando:

*Lá vem ela, oh, caminhando pela rua,*
*Lá vem a Maria Mulambo,*
*Com Tiriri, Marabô e Tranca Ruas. Oh, que noite tão bonita,*
*Como brilha o luar,*
*Abram alas, minha gente,*
*Que a Mulambo vai chegar.*

*Canta um ponto bem bonito,*
*Que a Mulambo vai dançar,*
*O trabalho dessa moça,*
*Faz a Umbanda admirar.*

*A lua brilhava,*
*Tiriri bebia,*
*Tranca Ruas cantava,*
*Marabô sorria.*

*São todos exus de fama,*
*São todos exus de fé,*
*Saravá! Maria Mulambo,*
*E todo exu que aqui vier.*

Assim que encerrou o ponto, ela começou a buscar pessoas na assistência. Olhou um jovem de vinte e cinco anos, aproximadamente, e o chamou no terreiro:

– *Tá* sofrendo muita dor, *né*, meu menino?

– Estou sim, dona Maria Mulambo. Nem consigo me sentar direito.

– Pedra nos rins é coisa de quem endurece demais a vida, meu menino. *Ocê tá* endurecendo?

– Acho que sim, *né*? – respondeu meio sem jeito.

– *Cê* acha *né*, meu menino? Mas o que *ocê tá* fazendo é levar a vida no oito ou no oitenta. Solta esse seu lado mais criativo e vê se faz o que *ocê* veio pra fazer.

*Ocê* não veio pra construir pontes, isso é gosto do seu pai. *Ocê* veio pra cantar e encantar. Vem cá, vamos acabar com isso e *vê se muda sua vida*!

Ela colocou as duas mãos sobre os rins do rapaz por alguns momentos, como se estivesse realizando um diagnóstico mais preciso e, em seguida, pegou uma rosa, macerou-a no chacra frontal e fez uma prece. Pegou seu lenço dourado, amarrou na cintura do jovem e deu um aperto. Ele gemeu, mas, após esse procedimento, a dor cessou. Ela o olhou profundamente e orientou:

– *Toma chá diurético* por uma semana. Se a pedra não rolar, vai no médico. Mas muda seu rumo, senão virá uma pedreira no seu caminho.

Em seguida, dançando ao som dos pontos e com o lenço dourado na mão, dirigiu-se até Natasha. Amarrou a peça de cetim na barriga dela e disse:

– *Vosmecê* vai guardar esse lenço, pois ele será o primeiro presente que *ocê* vai dar ao seu grande amor. E lembre-se de que a vida manda os amores conforme as necessidades e as afinidades. Sonde sua alma e perceba seu querer mais profundo. Estou preparando seus caminhos. Esse lenço é seu futuro.

Sempre que quiser, amarre o lenço na cintura para a criança sentir que tem família.

Natasha desejou perguntar algo, mas foi em vão. Maria Mulambo partiu para outros atendimentos, deixando o lindo lenço dourado amarrado na cintura dela.

Não poderíamos, em palavras, definir a amplitude dos benefícios do trabalho daquela noite. O amparo espiritual, o serviço social prestado, o esclarecimento, o socorro e o fortalecimento da fé do povo eram de uma magnitude sem comparações. A luz do bem, o desejo de melhora e o alívio eram nítidos.

Quando pai Jeremias cantou para os exus subirem, ficou uma sensação de orfandade no ar misturada com a gratidão dos que estavam ali presentes.

CAPÍTULO 7

# UMBANDA E ESPIRITISMO:

# ASAS DE EVOLUÇÃO DO CONSOLADOR PROMETIDO

Terminada a gira, Zé Pelintra, em nosso plano espiritual, veio nos cumprimentar:

– Pai João, pai João, seu axé, meu pai! – chegou até nós, beijando minha mão direita.

– Seu Zé, filho da luz, você tem minha bênção.

– Rafael, como está, meu jovem?

– Você sabe meu nome?

– Rafael Pereira.

– Isso mesmo, seu Zé.

– Gostaram do trabalho?

– Maravilhoso, meu filho! – respondi.

– Há muita dor e desorientação, meu pai. Sua tutelada vai renascer depois de hoje. Prestem muita atenção no lenço dourado.

– Agradeço por seus préstimos, seu Zé. Natasha foi muito beneficiada.

– Se me dão licença, tenho uma gira muito pesada depois da meia-noite em uma favela de Recife. Fiquem com Zambi e muito axé.

– Zé Pelintra varou os ares à nossa frente, como se evaporasse em meio aos cumprimentos e agradecimentos. Rafael estava, como de costume, com a mente fervilhando de perguntas. Pai João, muito me implica esse jeito grosso dos exus durante os atendimentos. É necessária essa rispidez?

– Lembra-se da Parábola do Semeador[1], Rafael?

– Sim, sobre a semente lançada em vários solos.

– O que aconteceu com a semente lançada no solo árido dos pedregais?

– O sol a queimou porque não tinha raiz.

– Muitos dos que procuram atendimento são como essas sementes em solo árido, gente arrogante e prepotente que está acostumada a enganar e se fazer de vítima. Só que com os exus eles são desmascarados, como se diz na gíria, "na lata", sem rodeios e bem diretamente.

Observe a postura do motorista de táxi e daquele senhor que atropelou uma pessoa. Vieram em busca de ajuda egoística para se livrarem de males que eles próprios criaram em suas vidas. Não enganaram Zé Pelintra, que foi direto no trato com eles. A dificuldade em entender os exus na aparente falta de educação de suas atitudes e da linguagem que adotam está na concepção angelical que se criou na mente humana a respeito de guias espirituais, como se somente seres muito elevados pudessem cooperar com o bem no mundo dos espíritos. E não será exagero afirmar que, entre os espíritas, o assunto é muito mais enraizado. A noção de guias espirituais obedece muito à cultura católica que cultua santos e seres distantes da nossa condição.

---

1 Mateus, 13:3-9.

Já pensou na bondade e na elegância moral de Bezerra no trato com as criaturas das regiões do submundo? Os resultados não seriam os melhores.

Quando muitos espíritas morrerem, desejarão ardentemente estar com Bezerra de Menezes. Serão surpreendidos ao saber que os exus, especialmente a falange de Tranca Ruas, são os secretários diretos do benfeitor e fazem a guarda armada de mais de dez mil organizações espíritas só no Brasil.

Não será exagero dizer que o amor de Bezerra de Menezes é expandido em bênçãos de proteção e auxílio legítimo porque Trancá Ruas é seu braço direito.

Uma visão real da imortalidade vai revelar o papel dos Guardiões no surgimento do Espiritismo na França, bem como a missão da Umbanda, mais especialmente dos exus, no aparecimento do Espiritismo no Brasil.

O mal organizado agiu com todas as suas cartas para impedir o nascimento da doutrina em solo brasileiro. Allan Kardec, além da proteção direta do Espírito de Verdade, era assessorado por guardas intergalácticos dos falangeiros[2] do Arcanjo Miguel, seres de outras esferas terrestres que, sob a tutela do Cristo, fizeram a proteção do codificador a fim de que conseguisse consolidar a mensagem espírita no planeta.

As referências sobre esse lado sombrio e sua força de oposição são ignoradas pela maioria dos adeptos espíritas. O processo não se deu como a mera realização de um planejamento de anjos, foi uma guerra entre o bem e o mal.

---

2 "Falangeiros" de Orixás são os representantes diretos de cada Orixá na Umbanda. São espíritos que se afinizam com as energias dos Orixás e incorporam, em seus nomes, durante os trabalhos, já que aqueles, por sua vez, não incorporam nos centros umbandistas.

Existe uma integração muito avançada entre os espíritos da Umbanda e os do Espiritismo em suas atuações no mundo físico. Essa separação no mundo dos homens é uma prova da desatualização de informações acerca das contínuas e profundas mudanças que se operam em nosso plano, desde meados do século 20.

Foi-se o tempo em que isso era tão demarcado quanto no surgimento da Umbanda no Brasil, há mais de cem anos, no início do século passado. Naquele momento, o Espiritismo também consolidava suas bases em terras brasileiras.

Podemos dizer que a Umbanda e o Espiritismo são as duas asas do Consolador Prometido.

Claro que existem, aqui no mundo espiritual, áreas bem demarcadas e até o mesmo fanatismo e preconceito que vemos no plano físico, mas isso caminha para transformações mais rápidas.

Inegavelmente, existe uma diversidade de forças nos dois estilos de trabalho mediúnico que, muito raramente, pode servir de obstáculo ao trabalho do médium e mesmo ao seu próprio equilíbrio se ele deseja trabalhar nas duas frentes de serviço. No entanto, o exagero no tema e a generalização das regras fazem mais mal do que qualquer outra coisa.

Essa separação tão acirrada é feita não só por espíritas, mas também por muitos umbandistas e é completamente injustificável na maioria dos casos. Por trás disso se escondem muito preconceito, ignorância, orgulho e, sobretudo, falta de preparo dos médiuns para saber identificar e lidar com as qualidades energéticas de cada linha.

Existe, sim, uma veracidade no assunto, mas em noventa por cento dos casos é resultado da forma incompleta de pensar a questão. O médium pode, sim, trabalhar nas duas frentes sem conflitar com seu aprendizado, com seu equilíbrio mental e com seu desenvolvimento espiritual.

A diversidade de entidades que cooperam com o futuro do planeta é tão ampla quanto a de pessoas e jeitos de ser que percebemos no mundo físico, no dinamismo do progresso social, cultural e material.

Os exus são, por assim dizer, os guias espirituais que zelam pelos infernos astrais. Deve-se ter muito amor para exercer tal tarefa, apesar da postura truculenta, entendeu?

— Entendi sim, pai João. É como se a Umbanda fosse a asa da esquerda, não é isso?

— A palavra esquerda está muito desgastada e não completamente adequada para explicar as circunstâncias de atuação das duas frentes, embora ainda ajude a entender um pouco melhor o tema se levarmos em consideração que direita e esquerda só servem aqui para designar forças complementares, mas não menos importantes, uma forma didática de entender duas frentes diferentes de atuação de um mesmo trabalho espiritual.

A Umbanda seria a esquerda, para afrontar as sombras que atuam contra a luz, e o Espiritismo seria a direita, abrindo caminhos ao pensamento humano na direção da luz.

Umbanda e Espiritismo, sem dúvida, formam as asas de equilíbrio do processo do Consolador Prometido anunciado pelo Cristo.

Apesar do orgulho dos espíritas que, historicamente, menosprezaram o valor das práticas umbandistas, situando-as como um degrau atrasado na esteira da evolução espiritual, a Umbanda foi uma iniciativa de Jesus e assumiu a função de um Paulo de Tarso nos dias atuais, realizando o serviço cristão por fora dos preceitos incontestáveis criados no movimento espírita em torno do Espiritismo, que foi exageradamente formalizado e cerceado no contato livre com a imortalidade.

A Umbanda abriu os cadeados da mediunidade e seus médiuns mergulharam nos planos astrais inferiores, onde Jesus mais trabalha pela regeneração do planeta.

Sem os Guardiões e os exus não teríamos hoje a Doutrina Espírita no plano físico. Eles fizeram o papel anônimo de zeladores do patrimônio espiritual das Obras Básicas[3], enfrentando os mais complexos e ousados planos das trevas para arruinar as chances de implantação das luzes do Espiritismo ao esclarecimento do pensamento humano e da ampliação da fé racional entre os homens.

– Pai João, o que seriam as Linhas de Direita e de Esquerda na Umbanda? E como se situam os exus nessas escalas? Ouço tanto essas terminologias...

– Vou explicar sem nenhum rigor religioso, meu filho, pois as variações são infinitas.

---

3 São os cinco livros publicados pelo pedagogo francês Hippolyte León Denizard Rivail, com o pseudônimo de Allan Kardec, entre 1857 e 1868, e que são referidos como as obras básicas da codificação da Doutrina dos Espíritos: *O livro dos espíritos, O livro dos médiuns, O evangelho segundo o espiritismo, O céu e o inferno, A gênese.*

A Linha de Direita é composta pelos falangeiros dos Orixás, os Pretos-Velhos, os Caboclos, os Boiadeiros[4], asianças[5], os Marinheiros[6], os Baianos[7], os Orientais[8], entre outros. A Linha de Esquerda é o Povo de Rua, os espíritos Guardiões, que são os Exus, as Pombagiras, os Ciganos[9], os Exus Mirins[10],

---

4 Os "Boiadeiros" são uma falange de espíritos de luz responsáveis por identificar e capturar os quiumbas a fim de que eles sejam tratados. Essas entidades têm natureza desbravadora, romântica, simples e persistente do homem do sertão, filho de branco com índio ou índio com negro, caracterizado como o caboclo sertanejo: Vaqueiros, Laçadores, Peões, Tocadores de Viola. Expressam a humildade, a força de vontade, a liberdade e a determinação do homem do campo. Os mais conhecidos são Zé da Figueira, Chico da Porteira, Zé do Laço, Zé da Campina, Tião, Zé do Facão, Zé Mineiro, entre outros.

5 "Crianças" ou Ibejada são espíritos que incorporam trazendo nomes infantis, expressando-se como uma criança, nos gestos e na inocência das brincadeiras, transmitindo muita alegria. Possuem a experiência de várias reencarnações, mas com a irreverência e a algazarra das crianças.

6 Os "Marinheiros" atuam no auxílio ao próximo, como guias para desmanche de feitiçaria, na dispersão de fluidos de baixo teor, ajudando a manipular ondas vibratórias densas que emanam de entidades maléficas. Seus conselhos, sempre cheios de fé e esperança, trazem bom ânimo e consolação. Costumam trabalhar em grupos. São fortes, pois enfrentaram guerras e mares agitados, mas também conheceram a calmaria e a bonança.

7 Os "Baianos" pertencem à Linha das Almas, a mesma dos Pretos-Velhos. Possuem uma capacidade de ouvir e de aconselhar, conversando bastante, falando baixo e mansamente. São carinhosos e passam segurança, mas não são do tipo que toleram desaforos. Em suas giras, apresentam a habilidade de saber lidar com as dificuldades com disposição, persistência e bom humor.

8 Os "Orientais" são entidades ligadas às curas e às ciências com profundos conhecimentos esotéricos da antiguidade. Nessa linha se encontram as falanges dos hindus, árabes, japoneses, chineses, mongóis, egípcios, entre outros. Levam o encarnado a compreender as causas de suas enfermidades e a necessidade de mudança dos comportamentos que as geram, bem como a necessidade de seguirem à risca os tratamentos indicados. São entidades que vêm com a missão de humanizar corações endurecidos e fecundar a fé, os valores espirituais, morais e éticos no mental humano.

9 Os "Ciganos" são uma falange de trabalhadores espirituais com valiosas contribuições no campo do bem-estar pessoal e social, saúde, equilíbrio físico, mental e espiritual, tendo em sua origem o trabalho com a natureza, as energias do Oriente, cristais, incensos, pedras energéticas, cores, os quatro sagrados elementos da natureza. Utilizam-se exclusivamente de magia branca natural, além de banhos e chás elaborados exclusivamente com ervas. São muito altivos, assertivos no que falam, seguros de si, do que enxergam e no que acreditam.

10 Os "Exus Mirins" são entidades que se apresentam como crianças mais velhas e adolescentes rebeldes, em fase transitória, andando em bando e em busca de uma identidade. Há narrativas de que são espíritos que passaram por diversas provações terrenas. Têm grande força e suas brincadeiras e traquinagens são um veículo para a resolução de muitos problemas.

as pombagiras Mirins[11], os Malandros[12], entre outros.

Os reinos de exus aqui, no astral, são compostos por muitas escalas que podem ser sintetizadas em três grandes grupos: Exu Orixá – o guardião (que é um), os falangeiros (que são de vários níveis), os capangas (do último nível), abaixo do qual podem atuar os quiumbas, impostores e falsos exus, etc. O Exu Orixá é uma força, uma vibração de ordenação, organização e cumprimento da justiça no universo, uma força não incorporante – não se manifesta mediunicamente. Dos Guardiões para baixo, nessas escalas, todos são incorporantes, isto é, podem se manifestar pelos médiuns.

Ainda dentro da categoria falangeiros temos o Exu Batizado – chefe de falange –, o Coroado – chefe de linha – e o Espadado – chefe de trabalho.

São chamados de patrão, vigia, exu de trabalhos, escora, policiais astrais e outras denominações. De forma mais genérica isso que é mais aceito.

– Quantos ensinos novos para mim, pai João!

– Aqui, no mundo dos espíritos, todos os dias somos convocados a rever posturas, entender o universo como ele é e abrir mão de nosso apego ao que sabemos.

---

11 As "Pombagiras Mirins" são transmutadoras das energias do plano espiritual, assim como os Exus Mirins. Antes da atuação da pombagira da sua falange, elas atuam no campo das intenções, despertando o desejo do atendido para algo. Não admitem a mentira, pois são extremamente sinceras e nunca escondem nada.

12 Os "Malandros" são uma falange de espíritos simples, leais e verdadeiros, desmascaram a mentira sem a menor cerimônia na frente de todos, odeiam que façam mal ou que enganem as pessoas. Podem envolver-se com qualquer tipo de assunto e têm capacidade espiritual bastante elevada para resolvê-lo, podendo atuar na cura, no desmanche de magia, na proteção e na abertura de caminhos. Trabalham muito com os exus, especialmente Zé Pelintra.

Após a conversa breve com Rafael, observamos a saída dos frequentadores da tenda umbandista. O clima de fé renovada criava uma aura de esperança em todos.

Acompanhamos mais de perto o trio composto por dona Helena, Natasha e Ricardo.

– Você gostou da sessão, Natasha? – perguntou dona Helena.

– Eu estou me sentindo outra pessoa. Não sei explicar. A sensação é de que me livrei de um peso. E quando toco este lenço, tenho a impressão de que estou mesmo no futuro. Parece que ganhei um presente de Deus.

– Foi exatamente isso o que aconteceu – interferiu Ricardo, enquanto dirigia o automóvel.

– Foi?

– Você se libertou de uma prova voluntária. Sua ligação com Luiz era uma prova voluntária.

– Como assim?

– Sua ligação com ele é de outras vidas, mas, na atual encarnação, não estava planejado um reencontro afetivo entre vocês. A gravidez e o enlace que criaram, sucumbindo à atração mútua, com base nas conexões cármicas do passado de vocês, são causas atuais das suas aflições e nada têm a ver com sua programação. Quanto ao retomar um amor de outras vidas, isso é outra coisa e vai acontecer em outro contexto...

– Minha cabeça dá um nó com esses assuntos. Quer dizer que já nos encontramos em outras vidas? Então, por que não nascemos longe um do outro, uma vez que não podíamos nos reencontrar?

– Isso depende muito da história do passado, pois se há algo a ser superado, só é possível de ser feito renascendo por perto, na vida de relação, pois sentir algo por alguém não significa, necessariamente, se entregar ao que deseja, pelo contrário. Há também os vínculos por conta da genealogia espiritual de vocês, já que os pais de Luiz e os seus nasceram todos aqui, nesta cidade. São velhas conexões cármicas e planejadas para ajustes. Em muitos casos, os planejamentos obedecem às leis matemáticas, mas trabalham com possibilidades. Por isso, os ajustes de um planejamento reencarnatório não são definitivos e conclusivos.

Nessa sessão de Umbanda, você se libertou das energias que a aprisionavam ao Luiz. Seus cordões energéticos com ele foram higienizados pela magia de Zé Pelintra. Isso vai mudar muita coisa em você e na sua vida. Especialmente porque estará recebendo, daqui para frente, a proteção de Maria Mulambo.

– Pensando bem, acho que já mudou. Eu estou me sentindo livre das amarguras que carregava em relação ao meu futuro com ele. Ninguém sabe que estou grávida dele, a não ser vocês dois e ele que, no estado de sequelas do AVC, nem sei do que conseguirá se lembrar.

– Luiz está com a memória muito afetada. Os médicos chegam a falar que esse efeito, possivelmente, nem tenha a ver com o AVC. Farão novos exames de tomografia do cérebro.

— Eu me sinto afetivamente desligada dele, de verdade. Este lenço, meu Deus! Parece que tem uma pessoa dentro dele. Sinto um amor inexplicável!

Nessa altura da conversa entre Natasha e Ricardo, dona Helena, que se mantinha em silêncio, se expressou:

— Natasha, lembra-se do que seu Zé disse a você sobre mim?

— Que a senhora seria minha mãe? Sim, lembro-me... Mas o que será que ele quis dizer?

— Esses exus são muito danados, minha filha. Ricardo e eu conversamos outro dia sobre sua situação de aperto e solidão após o acidente com Luiz, e eu queria lhe fazer um convite.

— Convite?

— Sim. Eu tenho uma casa ampla. Os filhos já se foram para construir suas vidas e, com isso, sou muito sozinha. Quem sabe você vem morar comigo? Ajudar-me nos afazeres até arrumar um emprego. Depois virá a criança e eu ajudaria a criá-la.

— Dona Helena, eu, eu nem acredito! A senhora nem me conhece!

— Seu Zé falou tudo, minha filha. Eu sei. Na minha alma, eu sei.

– Sabe?

– O que nos une.

– Só pode ser coisa de Deus seu convite. Eu estou quase sendo despejada! E sem a ajuda de Luiz nem sei por onde começar.

– Você não vai precisar mais dele. E, por tabela, você terá um pai também.

– Como assim?

– Quer falar, Ricardo?

– Sim, eu falo. Helena e eu formamos um casal. Fiquei viúvo e ela não tem ninguém. Estamos mesmo namorando.

– Que lindo isso!

– Seremos uma família, se você concordar. Já sinto amor por essa criança como se fosse meu neto de pemba.

– Estou muito sensibilizada, nem acredito! – falou Natasha, chorando.

– Lembra aquele pedido que ativou seu carma com Luiz?

– Lembro sim, senhor Ricardo.

– Foi desfeito hoje, por Zé Pelintra.

– E o que isso significa? Tem relação com esse meu alívio de hoje?

– Significa que você desativou um carma voluntário, uma conexão que não foi planejada para essa vida. Sua ligação com Luiz foi novamente adormecida, os laços entre vocês ficarão em hibernação mental, sem movimento. Seus caminhos estão livres para o futuro. Você está livre para escolher seus rumos. E esse nosso convite é a primeira de muitas portas que vão se abrir a você.

– Como ele fez isso? É possível me explicar?

– Os exus são capazes de fazer intervenções no banco de memória que guarda os resultados de nossas escolhas, no corpo mental inferior das pessoas. São clarividentes no tempo e no espaço, o que lhes permite saber o que aconteceu entre duas pessoas e quais as implicações da justiça de um para com o outro.

– E como fazem isso? Ainda não entendi...

– Eles leem os arquivos do inconsciente com uma vasta capacidade de penetração nos campos mais profundos da mente. Em segundos, conseguem montar os quebra--cabeças de histórias de várias vidas e formam um juízo com base em energias e vibrações. De posse disso, sabem mexer nas estruturas energéticas da alma com sabedoria, justiça e amor. Entendeu?

– Mais ou menos. Acho que me falta muito conhecimento para isso. O senhor me disse que meu pedido a Sete Tre-vas ativou meu carma; então, por que foi Zé Pelintra que o desativou?

– Isso depende da habilidade e da função de cada exu. Com certeza, há muitos protetores envolvidos na sua história, na de Luiz e na do Exu Sete Trevas. Quando Zé Pelintra disse que seu bebê é filho de pemba, eu entendi muita coisa, inclusive que havia um interesse muito grande de Sete Trevas na sua aproximação com Luiz.

– Isso tem algo a ver com meu filho?

– Sim, pois há laços reencarnatórios que unem todos vocês - respondeu Ricardo, mantendo discrição a respeito do que já sabia e do que lhe foi informado quando atendeu Natasha no Centro Espírita Luz e Amor.

– E o Exu Sete Trevas vai ficar aborrecido com Zé Pelintra?

– Claro que não. Certamente, o trabalho de hoje já é fruto de uma parceria. Zé Pelintra não faria essa sua libertação se antes não tivesse acertado alguns pontos de acordo com Sete Trevas.

– O senhor já sabia disso antes de me levar à tenda umbandista?

– No dia do seu atendimento fraterno, lá no centro, percebi muito a seu respeito por meio da intuição do Caboclo Pena Branca, que me assessorava espiritualmente.

– Esse caboclo também é um exu?

– Exu não seria a melhor designação para ele. Ele é um Guardião do bem.

– Fico pensando no tipo de laço que pode me unir a Sete Trevas e Luiz.

– São laços velhos, minha filha. Muito velhos!

– O senhor sabe algo mais que possa me informar?

– Sei que muita coisa boa a espera no futuro, Natasha - falou tentando desviar a conversa.
– Tenho outro assunto que muito me intriga sobre vocês dois.

– Diga.

– Disseram-me, num determinado centro espírita que frequentei, que os espíritas não poderiam ir à igreja e menos ainda ao centro de macumba[13] ou Umbanda. Como fica a situação de vocês, já que frequentam o Centro Espírita Luz e Amor e a Tenda de Umbanda Pai Benedito? Ou vieram aqui somente para me trazer?

– Não, Natasha. Helena e eu somos frequentadores assíduos nas duas atividades. Nossos irmãos no centro espírita sabem parcialmente de nossos vínculos com a Umbanda, mas não a ponto de conhecerem nossa assiduidade, o que poderia trazer comprometimento ao trabalho do Luz e Amor.

---

13 O termo "macumba" tem três significados mais comuns. Macumba é nome de um instrumento musical de percussão que os negros trouxeram da África, uma espécie de reco-reco, e aqueles que tocavam esse instrumento eram chamados de macumbeiros. É também uma designação genérica dada a vários cultos influenciados por religiões como Ocultismo, Candomblé e cultos ameríndios. Além dessas definições, o termo ainda diz respeito a trabalhos espirituais erroneamente associados com rituais satânicos ou de magia negra em função das infelizes deturpações a respeito dos cultos afro-brasileiros. Essas ideias preconceituosas surgiram a partir do sincretismo dos cultos africanos na época da escravatura e se intensificaram em meados da década de 1920, quando as igrejas cristãs do país começaram a propagar discursos negativos sobre a macumba, considerando-a profana às Leis de Deus.

– E se souberem?

– Isso realmente pode se tornar um entrave...

– Como pode? A tenda é um lugar tão lindo, que faz o bem! Lá eu me senti tão bem tratada por todos. Já não posso dizer o mesmo do Luz e Amor, no qual fui recriminada antes mesmo de ser ouvida. Será que se os umbandistas soubessem da minha história, também me recriminariam?

– A proposta que nos move lá é a de Jesus, assim como no centro espírita a Umbanda é caridade, Natasha. Poderia ser recriminada, sim, caso os integrantes de alguma casa umbandista soubessem de sua história, mas isso não é por parte da Umbanda e sim dos umbandistas, tal qual foi no centro espírita. Em outra casa, dependendo da qualidade moral de quem a atendesse, tudo poderia ser diferente. Os problemas são as atitudes dos trabalhadores, não as religiões.

– Então, por qual motivo seria um entrave descobrirem que frequentam a tenda?

– Existem alguns pensadores, tanto da Umbanda, quanto do Espiritismo, que deixaram pontos de vistas em livros, palestras e textos a respeito do assunto.

Basicamente, foram instituídas barreiras entre Umbanda e Espiritismo por conta das diferenças acerca do ritualismo, dos modelos de trabalho mediúnico e das origens de cada religião.

Fala-se da existência de vibrações e correntes de energia diferentes, que poderiam ser nocivas a quem frequente ou trabalhe nas duas atividades. No entanto, o tempo tem mostrado que, excetuando casos excepcionais, essa separação é somente fruto da falta de compreensão e de fraternidade entre os adeptos.

Os espíritas pesam mais o assunto com orgulho que têm pelo conhecimento adquirido. Os umbandistas, por sua vez, se orgulham do que sabem a respeito da manipulação de forças. Muitos espíritas, em número mais expressivo do que se pode imaginar, colocam a Umbanda como um degrau para o Espiritismo.

Ambos apenas refletem o antigo condicionamento humano de querer ser dono da verdade. É necessário entender que cada grupo tem sua missão, estando mais apto a lidar com algum tipo de necessidade específica nos dois planos da vida.

Os espíritas executaram, até bem pouco tempo, um trabalho mediúnico acentuadamente mais mental. Os umbandistas realizavam um serviço mais ligado à matéria e às energias mais densas. Mas essas duas formas de trabalho estão em franca mudança.

Na minha opinião, Natasha, pelo menos considerando os dois grupos que frequentamos, os serviços se complementam e aprendemos muito em ambos.

— E o senhor acha que será bom que eu frequente a tenda por conta do meu filho que vai nascer?

— Zé Pelintra deixou claro que ele trabalhará nas tendas umbandistas.

– O que quer dizer?

– Seu filho tem muita ligação com os exus, os magos e demais espíritos que atuam na Umbanda e, provavelmente, deverá nascer médium.

– Então, os chamados médiuns já nascem médiuns?

– Nem todos. Seu filho já é médium de longa data.

– Engraçado! O senhor fala umas coisas... É como se já conhecesse muito a meu respeito, do meu filho e do Exu Sete Trevas.

– Sou médium, Natasha, e por isso percebemos as coisas além do tempo e da matéria.

– Pois é, eu gostei tanto da tenda que fico com a sensação de que já conhecia aquele lugar.

– Já conhecia sim. Você já esteve lá durante o sono.

– Mesmo?

– Você e seu filho. Helena já tinha percebido isso há alguns dias.

– Eu quero continuar indo lá e gostaria de estudar e frequentar seriamente. Nunca senti um livramento tão grande. É como se minha vida realmente ganhasse um rumo novo.

– Seremos uma família umbandista, Natasha. Você não só foi alvo de livramento como também foi presenteada com uma nova família. Para mim e Helena você será uma filha, e vamos cuidar desse neto com carinho, porque ele tem uma grande missão na Terra.

Acompanhado de Rafael, seguimos o grupo até seus lares.

O propósito nobre do serviço espiritual passou a ser o alimento predileto do trio. Com poucas semanas Natasha se mudava para a casa de seus novos pais e logo começaram a arrumar o quarto de Rubens, nome escolhido por dona Helena para o bebê que ia nascer.

Exu Sete Trevas, que nutria profundo amor por Natasha, destacou guardas para vigiar a gravidez da jovem dia e noite. Rubens, que fora seu filho, atolado no lodaçal do plano astral, precisava dessa reencarnação como médium a fim de se reerguer perante a própria consciência.

Em meio às provas voluntárias que uniram Luiz e Natasha, por elos do passado, Deus escrevia uma nova história para todos, entre as ordenações expiatórias da justiça e a brandura da misericórdia que os cobria com bênçãos e esperanças.

Naquela noite, no terreiro de Umbanda, uma nova lei foi escrita para esses espíritos, sob a batuta firme e determinante dos exus.

O lenço dourado de Maria Mulambo era uma carta de alforria com endereço certo. O tempo mostraria isso a todos.

O Consolador Prometido por Jesus brotava das entranhas da Tenda de Umbanda Pai Benedito, fortalecendo a fé, o desapego e determinando o rumo espiritual a centenas de espíritos na matéria e milhares fora dela.

CAPÍTULO 8

# CONGRESSO DE EXUS PROMOVIDO POR EURÍPEDES BARSANULFO NO HOSPITAL ESPERANÇA

Passadas algumas semanas da visitação à tenda, chegava o momento da realização do Congresso de Exus no Hospital Esperança.

Em uma cerimônia, entidades ligadas à ordem e à justiça, na condição de Guardiões, receberiam a chancela que lhes outorgava a condição de Mensageiros da Energia Exu. Eram almas completamente devotadas aos serviços de intercessões nas regiões mais sombrias do astral.

Eurípedes Barsanulfo, nosso diretor desde a fundação do hospital, criou elos tão consistentes com tais entidades e seu importante trabalho que ergueu no hospital um templo antigoécia[1], cuja magnitude nos serviços do bem transcendia o imaginário humano.

Era a primeira vez que tal cerimônia seria realizada no local. Quase sempre, tais eventos eram feitos no astral de Luxor, onde se encontra uma base avançada da Fraternidade Branca[2], chefiada por Saint Germain[3], nessa fase de

---

1 "Antigoécia" diz respeito a tratamentos de limpeza perispiritual e etérica do indivíduo e do ambiente em que ele vive e que são alvos da magia delituosa e das trevas que, ao atuarem, provocam doenças, mudanças de humor, infortúnios, processos obsessivos e todo tipo de males. Ela proporciona alívio e cura das enfermidades, em nível físico e espiritual, assim que é realizada. A magia negra é empregada por espíritos desencarnados, os chamados magos negros, que a usam por maldade e por rebeldia diante das Leis de Deus, que dela se utilizam em proveito próprio, a fim de causarem prejuízo e sofrimento aos seus desafetos.

2 A "Fraternidade Branca" surgiu no Antigo Egito, durante o reinado do faraó Tutmés III, e reunia os mais sábios com o objetivo de estudar os mistérios da vida. Suas origens históricas não são precisas, mas conveciona-se que houve um período entre 700 a.C. e 300 d.C. no qual surgiram muitos pensadores que estariam sob a influência dessa poderosa fraternidade, a saber: Confúcio e Lao-Tsé na China; Buda na Índia; Zoroastro na Pérsia; Pitágoras, Sócrates, Platão e Aristóteles na Grécia; e Plotino e Amonio Saccas em Alexandria. De certa forma e secretamente, ela influenciaria os sábios de todos os tempos por meio dos Mestres Cósmicos do Universo.

3 "Saint Germain" é um dos Mestres da Sabedoria Antiga, Mestre Ascensionado da Grande Fraternidade Branca. Detentor das qualidades do sétimo raio de energia cósmica, o Raio Violeta, que são: liberdade, justiça, alquimia, transmutação, profecia, rejuvenescimento, oportunidade e perdão. Seu anseio tem sido libertar a humanidade da opressão, da injustiça, da ignorância, da dor, da maldade, do ego e de tudo que aprisiona a alma.

transição da Terra, cujos trabalhos de limpeza astral estavam mais diretamente ligados a Seraphis Bey[4], guardião disciplinador e grande artífice das frentes de serviços militares do Arcanjo Miguel.

Em razão da ampla campanha no astral para que os homens no plano físico ampliem suas noções sobre os serviços de proteção ao planeta Terra, a hierarquia mais alta dos Guardiões da nossa casa terrena deliberou espalhar tais eventos a outras frentes espiritualistas que, pelos raios benditos da mediunidade, pudessem levar ao plano físico mais clareza sobre as atividades operacionais dos servidores da luz.

Por determinação de Eurípedes e dona Modesta, o evento também se propunha a tocar a mente de muitos espiritualistas no solo brasileiro, a fim de promover a necessária reciclagem das ideias acerca da missão dos exus e tarefeiros da defesa, em plena época de transição e a caminho da regeneração.

As trevas organizadas mantinham ilusões muito nocivas no imaginário dos religiosos brasileiros a respeito dos exus. Era necessária uma campanha de reconstrução dessa imagem e a ocasião serviria também a essa finalidade.

O salão comportava milhares de pessoas. Espíritas, umbandistas, candomblecistas, católicos e diversos religiosos universalistas, dos dois planos da vida, foram rigorosamente selecionados para acompanharem o congresso. Natasha, em função de estar sendo mãe de um futuro missionário da

---

4 "Seraphis Bey" é Mestre Ascensionado e membro da Grande Fraternidade Branca. Ele é considerado como o Chohan (ou Senhor) do Quarto Raio. Conhecido como o grande disciplinador, ele examina e prepara candidatos para a ascensão. Encarnou como sumo sacerdote no templo da ascensão na Atlântida, há mais de 11.500 anos, e foi o faraó egípcio Amenhotep III, construtor do Templo de Luxor.

Umbanda, dona Helena, Ricardo e pai Jeremias eram uns dos presentes. Assim como eles, muitos estavam lá pelos mais diversos motivos: Pais e Mães de Santo[5], dirigentes influentes do meio espírita, padres, pastores, cientistas ateus, políticos, filósofos pensadores e educadores.

Embora tivessem suas mentes carregadas por uma cultura ancestral, necessitando de reciclagem, eles também as mantinham abertas a novos conceitos, a fim de reverem suas formas de entender o universo e suas leis - e esse traço em comum os unia ali.

Ainda era madrugada e o salão já estava lotado. Havia também a presença de algumas delegações de outros países.

A cerimônia começou com a palavra inspirada de Mãe Menininha do Gantois[6]:

– Filhos, salve nosso Senhor Jesus Cristo, salve o amor, salve os exus, salve os Guardiões!

---

5 Termos usados nas religiões afro-brasileiras para designar a pessoa responsável ou que possui autoridade máxima de um terreiro ou tenda. São também chamados Pai de Terreiro, Babalorixá, Babaloxá, Babá, Padrinho de Umbanda, Chefe de Terreiro, Zelador de Santo e Cacique. São os executores dos cultos aos Orixás e também os encarregados de atender às necessidades dos que os buscam. Ao aprenderem a lidar com os defeitos e as qualidades de cada um, sem julgamentos ou partidarismo, desenvolvem conhecimento, humildade e desprendimento, pois sem essas características não é possível chefiar um terreiro.

6 Maria Escolástica da Conceição Nazaré nasceu em Salvador, Bahia, em 1894 e foi a Mãe de Santo mais considerada do Brasil. Irradiava doçura e beleza, mas também conseguia equilibrar de uma forma perfeita a generosidade, sem deixar de ser enérgica, e a sabedoria, sem ser arrogante. Desde muito cedo ela entregou-se totalmente aos trabalhos espirituais, conduzindo durante 64 anos os destinos do Gantois, que chegou a ser o terreiro de candomblé mais respeitado do país. Nascida no século 19, ela cresceu entre homens e mulheres africanos que criaram o candomblé no Brasil, aprendendo com eles os antigos costumes, os rituais e a língua Yorubá. Precisou de coragem e diplomacia para fazer seu terreiro sobreviver à perseguição policial aos cultos afros, a qual vigorou até o início do século 20. Morreu em 1986 de causas naturais, aos 92 anos de idade.

Nossa gratidão ao coração generoso de Eurípedes Barsanulfo, esse apóstolo do bem, por reunir aqui tantas tendências, tanto pluralismo cultural. É para isso que a Terra caminha, a fim de que os diferentes se abracem.

A luz de Zambi irradia uma força intensa de fraternidade como nunca foi vista em todos os tempos da evolução do planeta.

Eu começo dizendo que os exus também amam. Os Guardiões são as sentinelas da regeneração.

E oro para que essa luz bendita que vem do mais alto possa alcançar as mentes mais endurecidas e também aquelas que se encontram mal informadas.

Que o evento seja protegido pela paz de Oxalá. O bem de todos seja nossa inspiração!

A palavra singela de Mãe Menininha contagiou todos os presentes. O ambiente, que já era pura sensibilidade, ficou ainda mais propenso a nobres emoções.

A seguir, após agradecer e abraçar mãe Menininha, dona Modesta fez uma pequena reflexão.

– Ninguém deve se conformar com o mal. O mundo nunca esteve tão amparado e protegido; caso contrário, estariam ocorrendo coisas ainda piores.

Graças aos cuidados de extensa e vigilante rede de sentinelas da luz no astral, muitos atentados são evitados e muitos planos de destruição são desfeitos, em todos os continentes.

O intercâmbio ágil e de eficaz sincronia no mundo dos espíritos tem um mapa completo do planejamento do mal, nos dois planos da vida. A vigilância é extremamente preventiva, minuciosa e corajosa. Apesar disso, as leis intercontinentais, os interesses do poder, a corrupção e a mídia ilusória abrem as portas para a maldade calculada, que não podem ser totalmente fechadas pelos Guardiões da humanidade.

Os homens e a sociedade como um todo são também responsáveis pelos rumos do planeta. Os Guardiões não são coniventes nem escudos para evitar o mal que se busca com as próprias ações e escolhas.

Os espíritos, componentes das equipes da justiça, nunca agiram tanto na Terra quanto agora. Nunca houve tamanha força, batalhas regionais, guerras e tribunais nas esferas espirituais.

Ainda assim, o apelo que verte do Mais Alto para nossa casa planetária é que cultivemos os sentimentos de amor, misericórdia e bondade.

A justiça é uma lâmina implacável que precisa decepar o mal onde ele existe, mas a Terra é um lugar onde há mais pessoas propensas ao amor e à bondade do que aqueles que, declaradamente, desejam o extermínio e o materialismo.

Quem defende que o momento desse planeta só comporta justiça e dureza está na contramão dos movimentos mais emergentes que se formam no astral, em favor de dias melhores nas sociedades.

É necessário, sim, proclamar a postura de transformação social clara e corajosa, denunciar o mal e trabalhar por mudanças; entretanto, quem prega justiça deve se acautelar para não comunicar ao mundo a ideia de que é somente por esse caminho que a humanidade vai se regenerar.

A tolerância com o mal organizado atingiu o nível zero por parte das equipes astrais que organizam o futuro das nações. No entanto, fique muito claro, a justiça inclemente só será um remédio para aqueles que se atolaram nos pântanos da maldade intencional e vil, bem como da mentira interesseira e sórdida. Afora isso, tudo mais nesse planeta pode e deve ser mudado com exemplos de justiça com amor. Que ela seja firme, mas educativa. Corajosa, mas motivadora de novas atitudes.

Nesse mundo, poucos são aqueles que conseguem pregar justiça sem cair nos braços da revolta, do ódio e da perturbação das ideias. As equipes do mundo astral, que aplicam a justiça, são muito bem preparadas para não exterminarem, de seus corações, os bons sentimentos.

Quem acredita que a justiça é o único e mais importante instrumento de modificação da nossa casa terrena, decerto ainda não entendeu a verdadeira força do amor vivido com autenticidade, coragem e dignidade pelos Guardiões.

Os traficantes, os políticos corruptos, os órgãos públicos, os hospitais psiquiátricos, os ambientes em guerra, as zonas de prostituição, os motéis, os ambientes comerciais, os salões de beleza, os lares atormentados, os veículos de transporte coletivo, os solitários em vias de suicídio são algumas das salas de aula e dos campos de socorro dos exus que cooperam com as hierarquias superiores da ordem e da justiça no planeta. São os prepostos e agentes executores da lei cármica no que há de mais justo e também misericordioso.

A mediunidade, abundante no solo brasileiro, chamou a atenção das organizações astrais do bem e do mal, em todos os continentes, principalmente nos últimos cem anos. Por essa razão, compomos aqui, nesse conclave, uma diversidade unida por um só sentimento: a bondade para todos.

Comecemos esse momento memorável chamando à mesa os cinco exus, designados pelo Arcanjo Miguel, para assumirem seus postos de comando na hierarquia da justiça astral. Serão Guardiões a partir de então, graduados a exus e coroados pela missão maior de aplainar caminhos para a regeneração, como justiceiros que representam a bondade celeste.

Que venham até aqui Exu Marabô, Exu Tranca Ruas, Exu Caveira[7], Exu Zé Pelintra e Pombagira Maria Mulambo.

Conforme iam sendo chamados eles subiam ao palco, um por um.

Exu Marabô é um homem negro de aproximadamente dois metros e dez de altura. Trajava uma roupa de linho branco fina e uma capa vermelha longa, que descia quase até os pés. Lembrava um fidalgo pela imponência com que se apresentava, ao mesmo tempo em que recordava os per-

---

7 Os "Exus Caveira" são entidades de luz, sejam elas da linha masculina ou feminina, que lutaram com muita dedicação, honestidade, amor e fé pelas causas de Deus. Tomaram para si a missão de demonstrar aos seus seguidores as palavras de esperança e fé enviadas por Deus (Zambi), por Jesus Cristo (Oxalá) e por todos que pregavam a paz, o amor e a esperança.

sonagens de filmes onde as aparições espirituais eram representadas por roupas que impressionavam. Nos ombros, tinha largas faixas de tecido, na cor preta, jogadas elegantemente por cima do capote e, nos punhos da camisa, uma fina renda vermelha. Suas vestes eram inspiradas no vestuário do século 17.

Exu Tranca Ruas é muito parecido com Marabô em altura, cor de pele e vestuário. Diferenciava-se apenas pela cartola longa que usava e uma bengala negra, reluzente, que trazia nas mãos.

Exu Caveira é um homem de pele clara, louro e de cabelos lisos. Quando ele subiu ao palco todos tiveram uma experiência ímpar. Por três ou quatro passos, enquanto caminhava em direção à mesa, parte dos contornos do seu corpo espiritual ficaram invisíveis, causando a sensação de uma cabeça que andava em sincronia com as pernas, mas sem o tronco. Os presentes no salão não deixaram de expressar a surpresa exclamando em voz alta:

– Ooooooooooohhhhhhhh!

Zé Pelintra, espírito esbelto, elegante e de pele morena, ao ser chamado se deslocou também de forma diferenciada. Usava, como de costume, um terno branco, com lenço vermelho no bolso do paletó, gravata vermelha de cetim e chapéu panamá branco com fita vermelha. Por quatro ou cinco passos via-se nitidamente o terno andando sozinho. Parecia que ele havia sumido por completo de dentro das roupas.

E por último subiu Maria Mulambo, vestida como uma cigana. Mulher muito alta, robusta, pela clara, cabelos negros, olhos verdes, bem bonita e elegante. Antes de se assentar, olhou para a plateia e as pessoas viram uma luz intensa, na cor rosa neon, sair de sua garganta e de seus olhos, obrigando todos a fecharem os seus, tamanha a luminosidade. No local, os primeiros trezentos lugares eram ocupados pelos prepostos que integravam as cinco falanges ali representadas por essas entidades. Além deles, foram dispostos na primeira fileira do salão dezoito médiuns brasileiros que representavam, no mundo físico, o trabalho destemido de levar às multidões a importância da missão dos exus e Guardiões, cada qual com sua parcela de responsabilidade.

Cada um dos exus graduados teria poucos minutos para falar sobre suas atividades.

Exu Marabô foi o primeiro a se pronunciar.

— Saúdo todos com força e coragem!

Receber essa graduação torna meu trabalho mais desafiante. O que faço, faço porque quero e gosto. Entretanto, não tenho como ignorar que vivemos em um sistema. O senhor Eurípedes e um grande grupo de corajosos, aqui presentes, sempre facilitaram nossa tarefa.

Protejo médiuns, pensadores, pessoas que têm como mudar, para melhor, o modo de pensar da humanidade. Meu desejo é ver o mundo em profunda e rápida transformação, com ideias que fecundem o coração humano para a alegria e a bondade, bem como para a honestidade, isto é, a justiça.

Em uma ocasião como essa, eu pouco tenho a dizer sobre minha missão. Comporto-me como exu e amo ser assim. Minha história pessoal, de muita dor, parece ter se diluído como uma bolha de sabão, na medida em que me dediquei a exercer tarefas nas sombras. Trabalhar com essas criaturas atoladas no mal e por aqueles que querem expandir a luz do bem é também minha razão de existir.

Gostaria de solicitar ao médium Antonino, que participa deste evento, que dê seu testemunho pessoal, uma vez que ele aceitou falar sobre uma das tarefas bem-sucedidas de nossa falange. Acho que é o melhor que posso mencionar nesse momento a respeito de minha missão. Nada muito grande, nada também tão pequeno. Algo que contribui com a verdade, a porta pela qual a justiça é convidada a penetrar para a aplicação do amor.

Assim que chamou o médium, ele foi conduzido até a mesa, pegou o microfone e, sem titubear, falou:

– Serei breve com meu testemunho.

Lembro-me como se fosse hoje. Estava em desdobramento mediúnico, na tarefa do centro espírita, e vi quando aquele espírito entrou na sala. Negro, alto, olhos muitos vermelhos que pareciam emitir pequenas chispas de fogo, tórax largo e forte. Suas vestes pareciam muito com as de um soldado romano, mas sem o capacete, portava lança e escudo em sua indumentária. Usava uma capa vermelha por dentro e preta por fora. Na mão direita ele tinha uma espada reluzente que emitia um som e tinha em seu cabo pedras lilás que brilhavam e apagavam, emitindo raios de luz neon. Trazia na mão esquerda a alça de uma coleira com a qual segurava um cão muito similar à raça *Pit Bull* que tinha uma cabeça grande, desproporcional ao corpo, e seu tamanho era incomum, com mais de um metro e meio de altura. O animal trazia uma focinheira, mas, ainda assim, rosnava alto e amedrontava pelo som emitido que machucava os ouvidos.

A entidade começou a falar expressões em língua Yorubá que eram de meu conhecimento, como se recitasse uma oração. O cão rosnava cada vez mais alto. Enquanto falava, ele brandia a espada no ar. Daquele movimento surgiram ondas de cor amarela, muito intensas, que se formavam no ar exatamente onde a espada passava, emitindo um som agudo e forte. Espíritos que estavam fora do centro espírita, prontos para atacar a casa naquela noite, se desorientaram ao ouvir o som daquelas ondas. Alguns correram tapando os ouvidos, outros caíram no chão em convulsão. Só os magos negros, que estavam à relativa distância da casa, mantiveram-se intactos, mas revoltados, saindo logo após a cena que presenciaram.

Quando tudo cessou, aquele espírito olhou para mim e disse: "Meu nome é Exu Marabô, da Falange de Xoroquê[8], sou o Guardião escalado por Eurípedes Barsanulfo para protegê-lo enquanto você psicografava o livro sobre a psicologia das trevas. Minha missão de ampará-lo por até três anos, após a conclusão do livro, está completa. A partir de hoje, passo a proteger a casa que o acolheu".

Foi esse homem – e apontou para o senhor Marabô – que, no silêncio e na mais completa discrição, enfrentou batalhas, das quais nem imagino a extensão, a fim de que o livro fosse levado ao mundo físico.

---

8 A "Falange de Xoroquê" é constituída por entidades consideradas metade cabloco, metade exu, característica que os torna bem poderosos no momento de resolver os casos que lhes são entregues. No Brasil, o Senhor Xoroquê, como a entidade é respeitosamente chamada, apresenta-se alternadamente sob duas formas: durante seis meses do ano é um Ogum e durante os outros seis meses é um exu, combinando as habilidades dessas duas falanges. Porém, esses seis meses não são exatamente o primeiro ou segundo semestre, mas, sim, dias alternados.

Não sei avaliar se minha tarefa como médium foi bem cumprida. Fiz o que pude. No entanto, é claro para mim que se não fosse a proteção que recebi, nem mesmo uma frase eu teria condições de psicografar.

Hoje, que tenho a chance de dar meu testemunho, eu agradeço a essa falange bendita dos exus, cooperadores insubstituíveis dos serviços mais urgentes para a implantação do Consolador Prometido na Terra. Continuar recebendo esse amparo é uma das maiores bênçãos pelas quais quero agradecer ao senhor Marabô.

O médium Antonino sensibilizou todos os presentes com suas palavras e, em seguida, abraçou Marabô carinhosamente, sendo ambos muito aplaudidos.

Logo a seguir, dona Modesta passou a palavra ao Exu Tranca Ruas.

Ele é mais sisudo, com timbre de voz que parecia entrar como um fio invisível nos ouvidos, causando uma sensação de poder e coragem. Correndo o olhar pelo público, disse inesperadamente:

— Gosto de ficar falando de mim não. Sou muito áspero e minha palavra não é fina... Ainda não sei ser de outro jeito.

Pelos apuros que meus prepostos e eu passamos no mundo físico, acho muito interessante um evento como esse. Ainda mais que vemos aqui tantos médiuns e pessoas que poderão colaborar com ideias melhores a respeito do que fazem os exus.

Tenho muita birra de gente ignorante sobre o que seja nossa tarefa. Dá vontade de dar um safanão nas orelhas de muitos – disse, provocando risos na plateia.

Meu negócio é abrir caminhos. Se não sei onde vou me meter, vou aos tribunais pegar autorização. Se as coisas estão *garradas*, eu solto. Mas é preciso ter ficha. Sem ficha de merecimento não faço porcaria alguma. Se tiver ficha, eu entro na história.

Tenho um grande parceiro de falange, o Exu Veludo que está aqui presente – e pediu que ele se levantasse para ser visto por todos – que sabe bem do que estou falando.

Mas eu quero chamar o médium Raul, o qual também aceitou dar seu testemunho a respeito de nossa falange.

Assim que o médium subiu ao palco, pegou o microfone e saudou todos com muita desenvoltura:

– Olá, pessoal! Nem sei dizer o quanto estou emocionado por estar aqui, no meio de tanta gente.

Eu, que vim mesmo dos infernos, me sinto em casa nesse evento – sua fala logo descontraiu o público.

Exu Veludo e seu Tranca sabem da dor de cabeça que dou para eles. E ai de mim, como bem disse o Antonino, não fosse o amparo desses bondosos Guardiões!

Sempre sonhei em contribuir de forma eficaz com Jesus na divulgação de Sua mensagem. Jamais imaginei, porém, que faria isso como estou fazendo hoje.

Minhas atividades no plano físico destinam-se a rever a visão dramática e simplória do amparo espiritual. Há muita bondade de fachada nas fileiras da religião. Talvez por isso, seu Tranca e seu Veludo gostem tanto do meu jeito imperfeito de ser. Eu, por minha vez, me identifico totalmente com a maneira clara, contundente e até mal-educada com a qual eles se comportam em muitas ocasiões. Tem tudo a ver comigo.

Eu quero expressar minha gratidão a esses exus, que me orientam e protegem, a fim de que a tarefa iniciada possa multiplicar e expandir no mundo um conceito novo e mais verdadeiro da ação dos protetores espirituais da justiça e da força. Sem eles eu nada faria!

Quando o médium parecia que ia se empolgar e falar mais, ele simplesmente agradeceu e passou a palavra.

Havia um clima de total despretensão. O estritamente necessário era dito por parte de todos. O grande objetivo era marcar a memória dos presentes para levarem ao mundo físico impressões arejadas sobre a desenvoltura e o significado dos serviços dessas sentinelas da justiça.

Em seguida, falou Zé Pelintra:

– O que poderia estar reservado a um homem da ginga, como eu? Serviços rápidos nos bares, sarjetas, locais de jogos e bebidas, de sensualidade, antros de devassidão e permissividade.

Há quem pense em lugares específicos quando se usam essas palavras; no entanto, não me refiro a lugares, mas a condutas. Sendo assim, já presenciei permissividade em mansões e devassidão em igrejas.

Adoro cantar, assobiar e brincar com a vida. Mau humor é doença que tem jeito. Vício pode ser mudado com magia. É muita covardia querer atitudes de quem não sabe como alcançá-las. Essa é minha classe, esse é meu samba. Cantar a vida, retirar da profundidade da mente o que sobrou das lutas de cada dia.

Adoro incorporar. Adoro médiuns. Quando incorporo me sinto mais vivo do que nunca. Brincando um pouco com as Leis de Deus, acho mesmo que nunca deveríamos desencarnar. Deveríamos viver na matéria para sempre!

Assim que falou isso, ele rodopiou no próprio eixo e sumiu aos olhos de todos, aparecendo logo em seguida e dizendo:

– O que é estar ou não estar aqui nesse lugar?

Você pode sumir e aparecer e continua sendo você mesmo. Magia, força mental, diluição quântica[9], termos que os homens do futuro vão entender.

Adoro os morros e as favelas, as choupanas e os moradores de rua. Nada contra palácios, mas o popular me atrai, emociona-me e me encanta.

Sempre que posso, estou no Saara[10]. Parece até que morri por ali de tanto que gosto. Gosto do povo, gosto de negócios, gosto de quinquilharia.

---

9 A "diluição quântica" é um termo que pode ser entendido como o resultado de algo que penetre a dobra quântica analogamente ao que ocorre a um corpo – matéria – que é sugado pelo buraco negro. Ele se desmaterializaria, mas sem perder sua propriedade. Esta é uma das hipóteses para explicar o percurso de um corpo na dobra. Hologramas podem simbolizar a construção da ideia que costumamos dizer que "o todo contém as partes", e que pode ter relação com isso.
10 Local de comércio popular no Rio de Janeiro, situado no centro histórico da cidade, o Polo "Saara" é considerado o maior shopping a céu aberto do estado.

As dores dos simples são minhas também. Ricaços também têm chance, mesmo sendo tão egoístas e manipuladores, embora quebrem a cara comigo. De rico a única coisa que gosto é do nome das marcas finas que usam. Bom gosto eu tenho.

Sempre me perguntam por que uso tanto o fogo etérico. Os técnicos consultam meus prepostos e eles determinam lugares intoxicados para esterilizar. Pontos de tráfico, boates infestadas, órgãos do governo, bocas de fumo, cadeias regionais e outros locais contaminados.

E agora estamos às voltas com a mais nova desordem: tráfico de reencarnações. Nem sempre se consegue intervir. É muito sexo desorientado e muita gente querendo nascer.

Benditos os centros de Umbanda, erguidos em plenos ambientes estratégicos, para onde direcionamos recursos e de onde buscamos a fonte inesgotável de energia para o serviço.

Agradeço aqui a presença do médium Elton, que muito tem realizado em favor de nossas frentes de serviço - e pediu que o médium de pintura mediúnica se levantasse, sendo aplaudido por todos.

Em seguida, dona Modesta chamou Exu Caveira.

– Graças dou pela ocasião.

Serei breve também. Sofri tanto nos pátios de sombra astral que me sinto um morador autorizado a falar em nome desses lugares.

Minha história não é muito diferente daquela contada no livro *O guardião da meia-noite*, do escritor Rubens Saraceni.

Hoje, com as equipes intergalácticas, estou aprimorando meus serviços de magia e alquimia para atuar junto aos espíritos que serão exilados do planeta.

A lógica dos espíritos mais nobres é bem diversa da forma parcial de se analisar as coisas, lá no plano físico. Vamos a um exemplo:

Bin Laden teve sua reencarnação projetada com detalhes nos quartéis-generais das sombras, no astral inferior. Já há muito tempo, os benfeitores de planos maiores têm tecnologia avançada capaz de rastrear esses projetos das sombras.

Cientes de que ele reencarnaria, escalaram espíritos que trabalham como sentinelas dos exilados, muito tarimbados para monitorar essas criaturas do mal, por uma vida inteira na matéria.

Qual o objetivo? Conseguir acesso ao corpo mental inferior deles, que é blindado com recursos produzidos pela engenharia das trevas.

E por que os espíritos superiores têm tanto interesse nessas criaturas? Primeiro, para tentarem diminuir o impacto de suas maldades e, segundo, para se apropriarem de seu corpo mental inferior enquanto estão encarnados, porque só assim, após o desencarne, conseguem resgatá-los com o objetivo de serem encaminhados ao exílio planetário, ao invés de voltarem às fileiras do mal. Esta é uma das mais frequentes formas de conduzi-los à deportação aos mundos inferiores.

Não é por outra razão que os olhares de Jesus e da Bondade Celeste se concentram nos infernos, onde se encontram as raízes do mal no mundo.

É preciso severa adaptação a níveis de vibrações baixíssimas para dar conta de tamanho desafio. É necessário muito poder mental. Chegamos algumas vezes a ter que recompor partes de nosso perispírito por questões de mutação genética espontânea, decorrente de contaminações e ataques tóxicos bacterianos.

Com o tempo, criamos resistência e imunidade para penetrar nas regiões mais abissais do planeta, guardando a capacidade de alquimia da mente – fazer magia com a mente.

Estar aqui significa que o que fazemos tem um sentido essencial e isso me deixa entusiasmado – disse, encerrando sua fala e demonstrando muita humildade.

Chegou a vez da Pombagira Maria Mulambo.

– Muita gratidão por estar aqui.

Graduar-se nos serviços da luz significa responsabilidade.

Lamento que os homens conceituem de forma tão machista nossa falange de mulheres magas e feiticeiras da luz.

Sensualidade não é fonte de nossa força, principalmente porque nossa energia é o feminino sagrado, a energia da ternura, da bondade, da sensibilidade e do amor.

Os muitos machistas no mundo não sabem o que fazer com sua mulher interior, não sabem como lidar com sua feminilidade, com sua emoção, com seus sentimentos. Ignoram como usar sua sensualidade para amar. São ogros e dominadores porque estão apossados pelo masculino orgulhoso. Nenhum homem será homem de verdade se não souber para que serve e como utilizar sua força interna feminina.

O machismo não é só uma questão histórica e cultural, é um assunto de educação e evolução. Boa parte dos lares educa os homens para serem estúpidos e chamam isso de força, determinação; outros os educam para o desrespeito e chamam isso de sinceridade; outros, ainda, os educam para a desonestidade e chamam isso de vencedores.

Nenhum ser humano que se preze terá saúde e equilíbrio, lucidez e cura sem fazer contato sadio com sua força feminina. E isso não serve apenas aos homens. Existem muitas mulheres que não sabem nada sobre a energia do feminino sagrado. Muitos nascem em corpos de mulheres e respiram os "modelos masculinos" que lhes foram impostos.

Trabalhamos muito com saúde e bem-estar físico. E saúde é equilíbrio de forças.

Assim que a pombagira encerrou sua fala impactante, dona Modesta assumiu a direção e esclareceu que os presentes poderiam endereçar perguntas, por escrito, aos exus.

Um monitor as selecionava de conformidade com os objetivos do evento, destinando apenas uma pergunta a cada um dos exus graduados. A prioridade foi para questões inerentes à missão e importância das atividades da corporação de vigilância, ordem e segurança astral em um mundo de transição. Ele começou a distribuir as perguntas para cada um e elas começaram a ser respondidas.

– Exu Marabô, por que dizem que exu faz o mal? Ele não é um Orixá, um santo africano?

– Porque há ignorância sobre o assunto. Até do nome de Deus algumas pessoas se apropriam para fazer o mal, que se dirá dos exus. Eles só fazem o bem. Sé é exu de verdade, só atua na Sincronia Divina.

Os que não agem nessa faixa de sintonia são impostores, mistificadores que usufruem dos conceitos padronizados e distorcidos que se criou sobre os exus, na cultura e na história brasileiras. Muitos deles estão, na verdade, a serviço dos magos negros, que são ordenados nas hierarquias da maldade organizada. Utilizaram-se da cultura religiosa do diabo para associá-la às atividades que realizamos.

No entanto, a raiz *Èṣù ou Esù* tem como significado primário "o caminho", "a direção", pois exu é movimento, dinamismo e ação. Por essa razão, o Orixá Exu[11] é uma força de progresso, de avanço, de abertura das possibilidades.

Orixás são forças cósmicas universais. No caso do exu, a energia da justiça, ou seja, a força do equilíbrio e da ordem. Por isso, eles são os operadores cármicos e os propulsores da lei consciencial.

---

11 "Orixá Exu" é um dos deuses africanos e representa a dinâmica e o início de tudo. Tem vários nomes, apenas diversificando-se na região, de acordo com o país no qual ele foi ou é cultuado.

Os orixás na Umbanda e em outras correntes são linhas vibracionais. Cada um tem uma energia própria. As pessoas que nascem em dias específicos da semana têm seu correspondente Orixá e serão influenciadas pelas energias e características representadas por ele. Isso não quer dizer que a pessoa já nasça com os traços inerentes ao seu orixá. Ela terá, na verdade, uma facilidade, uma propensão para desenvolver essas características na medida em que amadureça espiritualmente. As pessoas, ao nascerem, trazem seu lado sombrio, e cada orixá tem a luz necessária para superar esse aspecto. Apenas depois de superado o carma ou lado sombra pessoal com a força do orixá, você vai desenvolver os valores a ele atribuídos.

Os Orixás Exus não são incorporantes, isto é, não se relacionam com o meio onde manifestam. Atuam muito em nível de doação energética e nos chacras superiores como coronário, frontal e laríngeo. Já os exus entidades são incorporados e, quando isso ocorre, potencializam muito os chacras inferiores por conta da natureza de suas energias de força, criação e coragem.

Nosso congresso visa a introduzir, entre os homens na matéria, uma noção mais justa de nossa missão e por quais motivos nos expressamos de modo tão impactante e diferenciado.

Faz-se necessário desmistificar e corrigir as noções adulteradas que nos foram imputadas desde os tempos coloniais.

Fato é que nossas características comportamentais ferem o senso comum a respeito do que seria uma pessoa espiritualizada ou psiquicamente ajustada. O trato com entidades mais endurecidas e irresponsáveis desenvolveram nosso lado mais rude e hostil que, reconhecemos, assusta e impressiona os mais sensíveis.

Para muitos médiuns e representantes religiosos, é difícil estabelecer um limite entre firmeza e violência, sinceridade e falta de educação, incentivo e crítica. O exagero sempre está presente em tudo.

Inspiramo-nos no Cristo a respeito de ser simples como pombas e sagazes como as serpentes.[12] No nosso caso, muito mais serpentes que pombas. Jesus, aliás, diz nesse trecho que nos enviaria ao meio de lobos. Não poderíamos, em meio aos lobos, nos portar somente com bondade, pois seria muita ingenuidade. O mal profundo e organizado requer estratégia adequada.

Os exus de verdade são os Guardiões do plano espiritual, jamais praticam o mal, zelam pela ordem e pelo cumprimento das Leis Divinas, bem como pela proteção de indivíduos e instituições que trabalham pelo bem e em prol do desenvolvimento espiritual da humanidade. Não fazem maldades, quem as faz são os homens na Terra.

Por isso afirmam assiduamente, entre aqueles que realmente conhecem nosso trabalho, que sem os exus nada se faz.

Conquistar a amizade de um exu é ter um tesouro para abrir todos os caminhos.

Quando você ora pedindo ajuda, passa por momentos difíceis e dolorosos, pede pela saúde de seus entes queridos ou roga auxílio nos negócios e no amor que estão travados, os exus respondem a essa frequência de necessidade. São como antenas receptoras dos mais

---

12 Mateus, 10:16.

verdadeiros, singelos, personalísticos ou até mesmo egoísticos pedidos.

Talvez muitos não saibam, ou prefiram não acreditar, mas quem atende a suas súplicas são os exus. Vocês pedem para Jesus, para Bezerra, para quem for, e somos nós que os atendemos; porém, vamos entender bem o sentido dessa palavra: "atender".

Quando digo atendemos é porque, primeiro, há algo a ser executado; segundo, você tem méritos; e, terceiro, os exus têm as condições propícias para atender. Não atendemos porque você pede, mas porque temos condições espirituais para isso, existem frequências específicas que possibilitam seu pedido e mobilizam o faro psíquico dos exus, agentes realizadores da sua súplica. Nada sobrenatural ou maravilhoso, somente realizações que acontecem debaixo de leis vibracionais.

Somos executores da Lei Divina, administradores do carma. Revejam seus conceitos sobre o tema e amem mais os exus. Somos os anjos da guarda dos infernos externos e internos, nossa percepção alcança baixíssimas frequências nos domínios da dor e do interesse calculista.

Não há quem viva sem exu, queira ou não, acredite ou não, eles são a base sistêmica na hierarquia de todos os processos espirituais.

Essa noção de que exu faz o mal é falsa, pois ele aplica o bem, ainda que isso signifique contrariar desejos, aspirações e interesses pessoais.

Após essas preciosas explicações de Marabô, nova pergunta foi apresentada:

– Exu Zé Pelintra, o que são as encruzilhadas?

– São portais ou passagens astrais pelos quais podemos abrir ou fechar os caminhos na vida de alguém.

As encruzilhadas são pontos de encontros de forças onde podemos fazer desmanches de magia ou estabelecer caminhos para progredir, além de proteger contra perigos e inimigos.

Outro sentido à palavra seria o de moradia, pois se entende que são nelas onde "moram" os exus. Não nos referimos às encruzilhadas urbanas das ruas, mas, sim, às encruzilhadas energéticas, que são meridianos onde se cruzam as forças de Orixás.

Fica limitada a possibilidade de explicar aqui, com a linguagem humana, o que realmente acontece nesses polos energéticos, mas tentarei ampliar nossas reflexões. Nós, os exus, aprendemos a identificar com a mente onde existem as dobras quânticas, com a diferença de que a palavra "dobra" não se refere à velocidade e, sim, a espaço. Em cada espaço onde se encontra um ponto destes há outro universo paralelo que o leva a um novo mundo. E dentro desse mundo podemos acessar uma Caixa de Pandora[13] no sentido de conter todas as mazelas

13 "Caixa de Pandora" é um artefato da mitologia grega, tirada do mito da criação de Pandora, que foi a primeira mulher criada por Zeus. A caixa era, na verdade, um grande jarro dado a Pandora, que continha todos os males do mundo. Pandora abre o jarro, deixando escapar todos os males do mundo, menos a esperança, que nessa visão mítica pode ser vista como um mal da humanidade, pois traz uma ideia superficial acerca do futuro. A relação entre Caixa de Pandora e dobra quântica pode ser entendida assim: ao se dobrar o espaço entre duas dimensões com realidades diferentes, aproximam-se os pontos que unem as experiências próprias das duas realidades que também podem ser as dimensões de cada experiência. A dobra vai armazenar todas essas experiências. A analogia com cair no buraco negro não foi usada porque o certo seria a dobra quântica estudada pelos cientistas, por se tratar de transição de energia eletromagnética e não gravitacional. Perceba que a dobra estabelece uma figura que pode ser a própria Caixa de Pandora das mazelas da consciência.

relativas a uma ou a várias pessoas. É preciso penetrar nela e verificar as origens cármicas que fazem com que alguém passe por uma prova. É dentro dessa caixa ou dobra quântica que operamos a Lei.

As encruzilhadas também se aplicam a locais, passagens para penetrar em antros de maldade camuflada.

No sentido mais humano, as encruzilhadas das ruas representam pontos em aberto para quatro direções ou para várias expressões do bem e do mal.

Uma palavra que pode ajudá-los a compreender parcialmente as encruzilhadas no plano físico é dimensão. Elas são pontos dimensionais paralelos e, por sermos portadores de larga clarividência no tempo e no espaço, conseguimos mentalmente detectar esses pontos com facilidade.

Algumas vezes, essas encruzas astrais são amplamente conectadas a pontos específicos no mundo físico, abrindo portais tanto para o mal quanto para acessar planos mais superiores. Nesse caso, só se vai a esses pontos com o corpo mental superior.

---

Quanto mais profundo, mais arraigado e difícil de sair, por isso precisa ir ao fundo. As dobras quânticas se relacionam à alteração do espaço. Esses "locais" poderiam passar de muito longe para muito perto se uma energia dobrasse o espaço como nos desenhos abaixo:

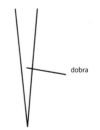

Fonte: Anderson Arthur Rabelo, psicólogo, professor, médium espírita e especialista em Eletromagnetismo Clássico.

Após essas explicações de Zé Pelintra, podia-se notar que todos tinham suas atenções voltadas aos ensinamentos dos exus. Logo veio mais uma pergunta:

– Exu Tranca Ruas, por que as trevas preferem atacar os centros espíritas e os de Umbanda?

– Fala-se muito, entre espíritas e umbandistas, que seus templos são muito atacados pela falange das trevas; no entanto, isso é uma visão de quem está de dentro dessas religiões e só vê o que os afeta conforme a experiência pessoal.

Raros médiuns estão atentos ou mentalmente abertos para descrever os ataques planejados que todos os setores do progresso social estão sofrendo.

As trevas não colocam centros religiosos na pauta de suas prioridades para derrubá-los ou para que fracassem em suas propostas. Pelo contrário, a velha tática das organizações da maldade em relação às religiões continua se sobressaindo na ardilosa proposta de mantê-las ativas, mas desmoralizadas por brigas, mentiras, fofocas e sutil desvirtuamento do entendimento do saber sublime de que cada uma é portadora. Já que perceberam ser quase impossível extingui-las, concluíram ser melhor provocar escândalos e desmoralizar os líderes e adeptos com suas próprias condutas e desequilíbrios, fragilizando, por reflexo, conteúdos e princípios espirituais.

De fato, também são alvos das trevas as escolas, os ambientes de diversão, os cargos públicos e de poder, as universidades, as empresas privadas, os centros culturais, governamentais e toda organização que influencie o pensamento e o comportamento humanos.

É muita presunção supor que as organizações umbandistas e espíritas, mesmo prestando serviços essenciais no campo espiritual, são tão importantes a ponto de terem prioridade nos planos da maldade organizada.

O mérito inegável do Espiritismo e da Umbanda se deve ao fato de cumprirem um serviço especializado no intercâmbio mediúnico e na formação de uma consciência de imortalidade. Se os homens que conduzem tais centros de melhoria espiritual tivessem noção do poder dessas organizações de crescimento humano, e vivessem o que pregam, por certo eles seriam núcleos avançados de serviço no bem à construção de um tempo novo no planeta. Mesmo assim, reconhecendo o merecimento das tendas e dos grupos doutrinários, eles são como pontos de luz espiritual aos serviços do progresso. Apenas trabalham muito abaixo daquilo que poderiam oferecer.

Vamos aumentar nossas orações por esses lugares até que possamos fazer algo mais nobre e efetivo.

As palavras de Tranca Ruas repercutiram fortemente nas consciências de muitos que ali estavam e faziam muito menos do que poderiam. Quebrando o silêncio que se fez, nova pergunta foi apresentada:

— Exu Caveira, existem exus em outras culturas?

— Existem servidores da disciplina e cumpridores da lei do carma em todos os continentes.

Em outras culturas temos espíritos guerreiros como os samurais, os mongóis, os cherokees, entre outros, que compõem os exércitos e a polícia astral como Guardiões incansáveis a serviço do bem.

Por esse motivo é bom diferenciar a situação e ação dos exus e Guardiões. Nem todo Guardião é exu, e nem todo exu é Guardião.

Quase sempre, os exus são magos da Lemúria e Atlântida, com extrema habilidade na manipulação de energias.

Os Guardiões têm bases astrais no planeta. Um bom exemplo é a Fraternidade Branca, composta por milhões de espíritos com consciência cósmica, os quais deixam claro que as hierarquias vão sendo constituídas ao longo da história planetária.

Nós, os exus, a rigor, pertencemos à falange de Miguel Arcanjo[14], que é um dos expoentes da Fraternidade Branca, cuja função é a proteção planetária. Somos os Guardiões de Miguel Arcanjo, sob a batuta determinada de Seraphis Bey, o organizador das demandas em toda a casa planetária.

Como se pode ver, nosso trabalho vai além das frágeis fronteiras criadas por essa separação entre espíritas e umbandistas a respeito dos exus. Agora, não é época de segmentação, mas, sim, de criar pontes.

---

14 A entidade espiritual chamada "Miguel" é mencionada como um líder militar sempre em ação. No livro de Daniel, Miguel guerreia contra anjos maus; na carta de Judas, ele tem uma disputa com Satanás; e em Apocalipse, guerreia contra o diabo e seus demônios. É conhecido como defensor de Jeová e luta contra os inimigos de Deus. Segundo Ermance Dufaux, em seu livro Um terço da vida, ele é responsável pelo asseio coletivo do planeta e comanda a equipe de proteção da Terra com sua falange de Guardiões. Nesse trabalho, usa potente tecnologia de mundos mais desenvolvidos, capazes de produzir fogo etérico, a fim de alcançar os objetivos nobres de saneamento e preservação da vida. Todos os exus trabalham para ele nos serviços de execução do carma.

Concluída sua rápida explicação, Exu Caveira voltou para seu lugar à mesa e mais uma pergunta foi apresentada:

– Dona Maria Mulambo, o que a senhora recomenda para proteção dos lares?

– Menos celular e mais conversa. Diálogo entre a família que permita varrer todas as mentiras que o próprio grupo familiar fica escondendo um do outro. Que permita a cada um assumir suas dificuldades ao invés de ficar acusando o outro.

As famílias precisam conversar mais, ver menos TV ou ficar em frente a computadores e celulares. Quantas vezes, ao longo de uma semana, vocês perguntam um ao outro: "Como foi seu dia?". Quantas vezes, ao dormir, você beijou seus filhos ou abraçou seu serviçal que mora em sua própria casa?

Quantas vezes, ao acordar, você disse a seus amores: "Desejo a você o melhor dia de todos!"?

É importante que as famílias passeiem mais juntas e tenham momentos comuns em que possam falar de um mesmo assunto, apreciar uma comida ou pensar no que vão fazer amanhã.

A proteção dos lares depende do clima emocional vivido pela família.

Muitos grupos familiares vivem sob o mesmo teto como estranhos e, diga-se de passagem, o pior tipo de estranho é aquele que você conhece.

Uns se odeiam porque ninguém consegue despertar o melhor do outro, vivem de reprimendas e acusações, inveja e desrespeito.

Proteger o lar é criar laços de afeto sadios, ser mais compreensivo, mais generoso, mais disposto a pedir desculpas.

Qual foi a última vez que você disse ao seu familiar: "Perdoe-me porque eu fui muito descuidado" ou "Perdoe-me, eu fui muito egoísta e quero mudar minha conduta"?

Quando foi a última vez que você abraçou seu pai ou beijou sua mãe?

Quando foi a última vez que você trouxe uma flor para adornar a mesa de sua casa com um bilhete terno escrito: "Eu amo minha família!"?

Proteção nos lares, que permite sono reparador, energia que alivia e ambiente espiritual de paz, depende da leveza das relações, e o diálogo é o termômetro de tudo isso.

Após as respostas rápidas e profundas, Eurípedes Barsanulfo assumiu a tribuna e disse:

– Que nos guarde a paz de Jesus e dos servidores da luz!

A todos vocês, que aqui se encontram fora da matéria, rogo que gravem em suas memórias espirituais as mensagens desses nossos servidores da luz e nunca esqueçam que os exus também amam.

Aliás, que amor extraordinário expressam todos aqueles que se lembram de socorrer as almas tombadas no mal ou atoladas nas furnas do remorso e da angústia!

Jesus e os tutores do planeta têm seus olhares voltados às regiões mais sombrias e tenebrosas onde estão as raízes da desordem na Terra.

É chegada a hora da limpeza e da evacuação, da reciclagem e dos tempos novos.

Muita alegria movimenta nossa alma nessa ocasião. É urgente levar aos homens uma mensagem de esperança. Se há poderosos no mundo físico guiados pelos artífices do egoísmo, igualmente, e em escala muito superior, existem as sentinelas da luz aptas e dispostas a servir e trabalhar por dias melhores nessa casa de Deus chamada Terra.

Com a prece conhecida no planeta e referenciando aqueles que já reconhecem a missão do nosso Guardião, oremos juntos a Miguel Arcanjo, entidade dos raios do combate e da justiça, a fim de que, sob sua proteção, alcancemos os objetivos aqui propostos:

"São Miguel Arcanjo, Príncipe Guardião e Guerreiro, defendei-me com vossa espada e protegei-me com vosso escudo.

Não permita que nenhum mal me atinja.

Protegei-me contra assaltos, roubos, acidentes e contra quaisquer atos de violência.

Livrai-me de pessoas negativas e espalhai vosso manto e vosso escudo de proteção em meu lar, meus filhos e familiares. Guardai meu trabalho, meus negócios e meus bens.

Trazei a paz e a libertação.

São Miguel Arcanjo, defendei-nos no combate, cobri-nos com vosso escudo contra os embustes e ciladas do demônio.

Instante e humildemente vos pedimos que Deus sobre ele impere e vós, Príncipe da milícia celeste, com esse Poder Divino, precipitai no inferno Satanás e os outros espíritos malignos que vagueiam pelo mundo para a perdição das almas.

*Amém."*

CAPÍTULO 9

# PROTEÇÃO DE EXU PARA UMA ORGANIZAÇÃO FEDERATIVA

A cerimônia foi encerrada num clima espiritual de muita elevação. Alguns médiuns e companheiros, com maior destreza fora da matéria, permaneceram no ambiente por mais tempo a fim de cumprimentar ou conversar com seus conhecidos e saudar os exus graduados.

Estávamos com dona Modesta, Rafael e outros amigos em um canto do salão, quando Roberto chegou.

– Dona Modesta, com sua licença e dos demais, preciso falar-lhe. A senhora sabe bem dos últimos acontecimentos em nossa organização federativa. O orgulho se apoderou por completo da nossa presidente, Elvira, que não ouve mais ninguém. Até Carlos, seu marido, está incomodado com os abusos a respeito do tempo gasto com reuniões fora de casa e com a rispidez no lar. Agora ela resolveu banir formalmente dos quadros da unificação os trinta e nove centros espíritas que adotam incorporação de Pretos-Velhos e exus.

O centro do Manoel está entre eles e a senhora o conhece bem, pois foi um dos precursores da Doutrina Espírita no Brasil. A carta que ela enviou a ele foi como uma taça de veneno e lhe fez tanto mal que ele está internado em um hospital, com suspeita de hipertensão grave.

Hoje tive acesso a novas informações por parte dos pelotões de defesa espiritual e tudo está se agravando com a atitude dela. Os inimigos do trabalho aproveitam-se da fofoca e do clima inamistoso. O presidente de um dos centros banidos da federação entrou com uma representação criminal e contratou advogados. Os trabalhadores mais sensíveis e maduros, que tantos esforços fizeram para aproximá-los da casa, estão desanimados com os acontecimentos. Eles têm foco no trabalho e não se identificam com as disputas de poder.

Peço seu aval, dona Modesta, para alguma medida de emergência.

Sei que o amor dos protetores desse hospital abençoado tem assuntos muito mais graves, mas suplico por sua ajuda, querida amiga. Sinto-me verdadeiramente envergonhado em lhe pedir isso, especialmente depois da fala do Exu Tranca Ruas, explicando que existem instituições mais importantes que o centro espírita na sociedade humana.

Após ouvir nossos exus, quase não me contive em rogar a eles esse amparo necessário.

– Compreendo sua angústia, Roberto. Vou avaliar com nossa equipe as medidas permitidas. Comprometo-me a interceder pelo bem da entidade unificadora.

– A senhora já tem feito muito por nós, dona Modesta. Desculpe-me por incomodá-la com mais este pedido, mas o cansaço de tantas lutas me faz ficar cada dia mais aflito. Não sei por quanto tempo conseguirei me manter em tais ambientes de conflito. Uma casa que deveria estar dando o exemplo de união e fraternidade, lamentavelmente, atola-se na disputa e na mesquinharia moral.

– Não poderia ser diferente, meu filho. Nos serviços de unificação do movimento espírita encontram-se os espíritos mais endividados com a própria consciência no que diz respeito ao comportamento religioso. O passado, com muita frequência, assombra a mente e o coração de nossos companheiros, não somente em seu estado, mas em todo o território brasileiro.

A estrutura histórica organizada nos conselhos e órgãos unificadores pode se transformar numa expressão de luta interior pela posse da verdade.

Há de se ter muita paciência e tolerância ativa com nossos irmãos.

Nossa irmã, presidente, mesmo com tanta disposição em ser útil ao Espiritismo, carrega um estado mental de loucura controlada.

— Apavora-me pensar nisso, dona Modesta. Que espécie de loucura pode contrair uma mulher com tanto conhecimento? Ela é mãe e esposa. O que falta a esse coração para ser mais generoso e menos radical? Elvira ultrapassa os limites e avança para perigosas ações.

— Ela sofre a tormenta de uma sexualidade reprimida. É um espírito com profundos desequilíbrios e pulsões inconscientes à devassidão.

— Meu Deus, dona Modesta! Juro que por várias vezes senti isso nela e recusei admitir, por vigilância e discrição. Ela exala muita sensualidade.

— Essa dificuldade chegou a interferir no trabalho da nossa irmã, Rosangela, que se afastou da federação.

— Entendi... elas... - e dona Modesta nem o deixou completar.

– Elas se amavam de forma especial, meu filho.

– Sexo?

– Quase isso. A tormenta que se apoderou da mente de Elvira foi tão grande que se julgou obsidiada, como costuma fazer boa parte dos espíritas quando se perturba emocionalmente com assuntos de relacionamento.

– Eu sentia que tinha algo entre elas. Lamentável!

– Não diga isso. O que é lamentável é a tormenta interior sempre justificada com os padrões da obsessão, que expressa a negação de sua própria condição interior ao transferir para os espíritos a responsabilidade das dificuldades pessoais, preferencialmente aos supostos obsessores.

Seria digno se ela reconhecesse suas necessidades íntimas e buscasse ajuda. O orgulho dos servidores espíritas que transitam pelas frentes de serviço tem como pior consequência não somente atos como esse, de expulsar casas e até colaboradores de seu quadro de unificação, mas, sobretudo, a perda da oportunidade de se enxergar e de viver sua autenticidade.

Atribuir a obsessores as sombras que pertencem a nós mesmos é uma atitude de infantilidade emocional.

– Tenho até medo de me lembrar disso ao acordar no corpo físico e recriminar ainda mais nossa irmã...

– Pelo contrário, meu filho. Exponho a você esse quadro de dores de Elvira para que tenha ainda mais piedade de suas loucuras, realizadas em nome do Espiritismo. Ela é uma doente que não se reconhece como tal. E o pior cego é aquele que não quer enxergar.

– Espero ter essa sensibilidade, dona Modesta. De fato, sinto muita compaixão por ela ao saber disso. Inclusive, fico a pensar em como estará Rosangela, que foi afastada sumariamente da casa como se tivesse cometido um erro grave, do qual ninguém, até hoje, tomou conhecimento.

– Melhor que não saibam de nada. Não teriam estrutura para lidar com mais esse episódio e crucificariam Elvira, além de gerar profundas dores para a família dela.

– Tem razão. Eu vou aguardar ajuda. Agora estou entendendo melhor as lutas que ela enfrenta e quero ter um pouco mais de paciência e tolerância. Não está fácil.

– Faça isso pelo bem do trabalho.

– Eu posso lhe fazer mais uma pergunta? – indagou Roberto, que não queria monopolizar a conversa naquele momento.

– Fique à vontade!

– Aquela mensagem da Pombagira Maria Mulambo, no centro de Manoel... Nossa presidente tem alguma relação com esse assunto?

– Lembra qual foi a advertência da mensagem?

– Lembro sim.

– Pois então. Era um aviso sobre os cuidados com a energia da feminilidade. Maria Mulambo, de forma sábia, incentivou o uso consciente da força feminina. E a presidente, nos escaninhos secretos de sua mente, entendeu que estava sendo obsidiada por apaixonar-se por Rosangela. Preferiu censurar a mensagem, primeiro porque veio de uma casa com padrões fora da doutrina e, segundo, porque tratava de assuntos pessoais que muito a irritava.

Na verdade, Maria Mulambo é quem tem protegido nossa irmã nos serviços à frente do trabalho unificador. Foi escalada por Bezerra de Menezes para fazer a proteção daquela organização. O preconceito e a falta de esclarecimento sobre o serviço dos exus fizeram com que nossa companheira recusasse o texto mediúnico, taxando-o de mistificação e embuste.

– Maria Mulambo? Esta que foi graduada aqui hoje?

– Não. Uma preposta da falange dela.

– Haja cabeça aberta para assimilar tal versão da realidade!

– Disse bem, faz-se necessário abrir a mente. Há aqui no congresso vários médiuns encarnados que levarão ao mundo físico mais detalhes sobre a missão dos Guardiões e dos exus. Teremos, em um futuro breve, uma noção mais clara do serviço de proteção aos órgãos unificadores, da relação de tudo isso com o surgimento simultâneo da Umbanda no Brasil e da organização do movimento espírita nas primeiras décadas do século 20.

– Grande bênção! Mas não quero tomar mais seu tempo. Aguardarei sua ajuda.

– Pode esperar para o mais breve possível.

Alguns dias depois do congresso, o caso de Elvira foi alvo da assistência das equipes sob tutela de dona Modesta.

Estava marcada uma reunião entre diretores da entidade federativa e representantes dos centros espíritas que estavam sendo expulsos do sistema de unificação.

O clima nos dias que antecederam ao evento foi tenso, com telefonemas, *e-mails e ofícios* desrespeitosos trocados por ambas as partes.

A reunião estava marcada para as quinze horas de um sábado.

Elvira foi alvo de uma medida de proteção especial por parte das pombagiras que representavam Maria Mulambo e de dois grupos de espíritos vinculados a Tranca Ruas, designados diretamente por Bezerra de Menezes para realizar a segurança dos presidentes de centros e demais envolvidos no episódio.

Naquela tarde, acompanhamos dona Modesta e fomos encontrar Elvira a caminho da reunião. Ela, completamente tensa e triste com todas as ocorrências, parou em um parque, bem perto da federação, para pensar em tudo que acontecia. Queria meditar e pedir proteção. Somente à beira de momentos tão decisivos, Elvira resolveu buscar ajuda espiritual, enquanto nos dias anteriores agiu ao sabor de suas crenças e opiniões, gerando todo tipo de revanchismo e conflito áspero.

Seu clima mental exalava profundo rancor. Pensava nas palavras e ações que tomaria na reunião e colocava-se, em seus pensamentos, como uma vítima de ataques espirituais.

Refletia na razão de tantas pessoas atrasadas espiritualmente desejarem bombardear seu trabalho na organização unificadora. Julgava-se desrespeitada e suas emoções giravam entre a autopiedade e a raiva. Era esse o resultado do orgulho que faz os pensamentos criarem um superdimensionamento da importância pessoal, passando a enxergar todos os que discordam e guardam opiniões diferentes como opositores e inimigos.

Em dado momento, abriu sua bolsa e pegou uma pequena joia. Era um camafeu em forma de coração que se abria em duas partes. Lá dentro havia uma foto de Rosangela. Foi um presente da amiga. Ela não resistiu e passou o indicador sobre a foto.

Seu pensamento era de medo, ao mesmo tempo em que sentia certo alívio. Pensava nos motivos que lhe faziam sentir tanta atração por Rosangela. Que laços as uniam no tempo? O gesto acalmava e ao mesmo tempo a enchia de culpa. Foi quando fechou o camafeu e o jogou dentro da bolsa em um gesto de raiva. Em seu pensamento ela perguntava, a si mesma, o que estava fazendo e imediatamente voltou a pensar na reunião que a esperava. Francamente, ela estava em uma profunda crise emocional de carência.

Percebia-se claramente a energia da sexualidade projetada em sua aura. Energia não digerida nem utilizada para fins autorreguladores, transformando-se em agressividade. Essa era a razão de ainda encontrar uma necessidade de olhar a foto de Rosangela em momento de tanta conturbação com a reunião.

Nem ela própria tinha consciência desse seu estado. A sexualidade e a afetividade reprimida e mal elaborada geravam o clima emocional de raiva e intempestividade.

Por um instante tentou orar, mas sua mente se via invadida por ondas gigantes de inquietude.

Por fim, resolveu andar em direção à entidade federativa.

Ao seu lado, as duas pombagiras designadas por Maria Mulambo faziam a proteção de sua aura. Andavam atentas, passo a passo com ela.

Alguns metros mais distantes, havia dois especialistas em mapeamento vibratório, checando e vigiando as possibilidades de algum eventual assalto por parte de quiumbas ou espíritos desordeiros que sempre são contratados nessas ocasiões para criar embaraços. Acompanhando mais a distância, em faixas vibratórias mais próximas de onde nos encontrávamos, havia guias vinculados a Tranca Ruas, com aparelhos projetados para captar a presença de magos negros que sempre tinham artimanhas inesperadas e geralmente se mantinham imperceptíveis à impressão de nossos soldados espirituais.

A proteção reunia o que havia de melhor e foi avalizada por Bezerra de Menezes, o qual cuidava de perto dos serviços de unificação do movimento espírita desde os primórdios do Espiritismo no Brasil.

Quando ela chegou à entidade federativa, vimos o sistema armado em torno daquela casa para fazer a proteção àquele evento. Havia mais de duzentos policiais astrais usando armas energéticas de tecnologia avançada.

Pode-se dizer, sem sombra de dúvidas, que nenhum adversário do trabalho conseguiria qualquer insinuação ou iniciativa. Estava tudo sob rigoroso controle. O grupo de trabalhadores encarnados estava, assim, entregue às suas próprias mazelas e limitações.

Os dirigentes dos diversos grupos chegaram, também acompanhados por escolta atenta e preparada.

Cumprimentaram-se educadamente uns aos outros, conquanto as disposições íntimas fossem de ironia e crítica.

Além dos exus, diversos espíritos que colaboravam com os serviços daquela casa, diariamente, estavam prestando sua proteção, sugerindo pensamentos de concórdia e mudanças úteis aos temas daquela hora.

A reunião estava prestes a começar. A grande surpresa aconteceu minutos antes do horário marcado. Manoel, já recuperado de seu mal-estar ao receber a carta da federação, entrou pela porta da sala de reuniões acompanhado de Rosangela.

Elvira teve uma taquicardia ao vê-los. Em segundos seus pensamentos se embaralharam. Indagava o que Rosangela fazia ali. Por que estava acompanhada de Manoel? Ao mesmo tempo, seu coração se derreteu de alegria por vê-la tão próxima. Muito constrangidos, cada qual por seu motivo, cumprimentaram-se de forma tensa.

Algumas pessoas que sabiam do afastamento inexplicável de Rosangela por parte de Elvira ficaram também surpresas e curiosas sobre os motivos de a jovem estar ali.

Ninguém entendia nada. Um misto de emoções desordenadas tomou conta da maioria dos presentes. Além da aridez do ambiente, agora pairava uma curiosidade incontida.

Após a oração feita por um membro da diretoria da federação, Elvira tomou a palavra e deu início à reunião.

– Irmãos, em nome da diretoria e da federação espírita de nosso estado, iniciarei os trabalhos e passarei a palavra aos centros espíritas, aqui representados, que solicitaram essa audiência. Nossa diretoria, aqui presente, está aberta a ouvi-los. Mesmo em clima não adequado diante dos diversos conflitos gerados nos últimos meses, espero que cheguemos a um consenso.

Na condição de diretora, tomei as medidas que julgo oportunas na preservação da pureza dos princípios espíritas, diante das contínuas notícias de adesão a rituais e práticas estranhas ao Espiritismo por parte das trinta e nove casas aqui representadas.

Conheço bem a forma de pensar de cada um de vocês e ninguém pode negar o direito que possuem de seguir os destinos que melhor entendam na direção de suas casas ou na adesão de atividades universalistas ou espiritualistas que não compactuam com a grandeza e excelsa luminosidade do Espiritismo.

Nossa decisão de afastamento dos quadros de adesão não significa que os queiramos mal, apenas não podem mais usar o nome da doutrina realizando trabalhos duvidosos e diversos. Cada coisa deve estar em seu devido lugar.

A pureza doutrinária é suprema e está acima de qualquer discussão de ponto de vista. E nisso nos posicionamos com determinação aqui na federação.

Sintam-se à vontade para falar.

– Eu quero começar, Elvira - falou Manoel, que olhou fixamente para Rosangela.

– Será um prazer ouvi-lo, senhor Manoel.

– Apesar da minha idade, e mesmo sendo um dos fundadores dos serviços unificadores do Espiritismo, acompanhei as mudanças do mundo.

No entanto, receio por essa conduta acentuadamente conservadora em manter a utilização da expressão "pureza doutrinária" em dias de tanta diversidade e transformações no orbe.

Respeitamos os regimentos e demais condições que foram estabelecidos para destinar essa carta de desfiliação às nossas casas espíritas, considerando que a federação, nitidamente, não aprimorou sua forma de pensar nas práticas e na forma de ensinar e viver a doutrina.

Em nossa visão, o amor é supremo entre nós e não à pureza doutrinária, que separa e agrava a discórdia. Antidoutrinário é não amar.

O mundo converge para a universalidade dos princípios e destina-se ao amor em expansão.

Receber entidades de exus e Pretos-Velhos, mesmo utilizando-se de vocabulário e tom de voz diferenciados, não é nenhum atentado aos ensinamentos da Doutrina dos Espíritos. Os médiuns mais respeitados do movimento espírita recebem freiras e padres, em tons de voz e maneiras de pensar bem diversos dos guias que se manifestam em nossas reuniões. Por que os Pretos-Velhos não o podem fazer?

Por que Bezerra de Menezes pode usar uma voz rouca como se fosse um velho, comunicando-se pelos médiuns consagrados do movimento, e um exu não pode garga-lhar em suas comunicações?

Nessa situação existem dois pesos e duas medidas e não uma só, o que seria de se esperar para quem deseja promover união. Notamos preconceitos e falta de infor-mação.

Os conteúdos de todas as mensagens das trinta e nove casas aqui representadas foram trocados entre nós, via e-mail, nos últimos meses, e trouxemos aqui esse documento, com mais de 300 páginas de mensagens psicofônicas, gravadas, transcritas, bem como as psico-grafadas e intuitivas. Nelas não há nada que conspire contra o bem e a luz.

São diferentes na forma da escrita em relação aos textos habituais dos livros mediúnicos mais consagrados, mas em nada corrompem os princípios da doutrina.

Falam do amor, ensinam a viver com dignidade e tra-balham a fé.

Quanto às práticas de usar macas, tocar nas pessoas para dar passe e outros gêneros de iniciativas, tais como a in-corporação pública, as reuniões abertas ao povo, o uso da Apometria e tantas outras atividades, quero dizer que, na verdade, os centros espíritas do tempo de Bezerra de Menezes, que protege as iniciativas da unificação na seara, eram assim. Onde está o problema em permitir às multidões que falem com os espíritos?

O Espiritismo deve ser assim, como foi a alma do trabalho realizado por Allan Kardec.

Queremos que fique claro, Elvira, que nós não pedimos essa reunião com o propósito de questionar sua decisão em banir nossas casas dos quadros da unificação. Não nos sentimos magoados e nem desrespeitados por isso, até porque não aceitamos a entidade federativa com tamanha autoridade para valorar o serviço de nossas agremiações. É muita prepotência, de qualquer organização espírita, se apossar de semelhante pretensão. É o mesmo que relembrar as velhas estruturas religiosas falidas das Igrejas Católicas que endossavam a política ou colocavam na fogueira quem deles discordasse.

Não estamos aqui para pedir nossa recolocação aos quadros da federação. Não temos o menor desejo de mudar em nada essa situação.

Estamos aqui para comunicar os efeitos indesejáveis dessa postura arbitrária, que nos obriga a fundar uma nova organização no estado com mais autonomia, um direito inalienável da liberdade de expressão.

Como me encontro com idade avançada e incapaz de prosseguir por muito tempo, essa jovem servidora – e apontou para Rosangela – será a presidente dessa agremiação que já reúne, de início, setenta e cinco entidades.

As trinta e nove que você baniu e mais trinta e seis que, cientes do fato, fizeram-me representante do pedido de desfiliação da federação, que transfiro às suas mãos nesse instante – e Manoel passou uma pasta com as cartas de desligamento das casas.

Não vemos nisso um fato triste para lembrar no futuro. Acreditamos que as coisas têm que ser assim mesmo.

Afora os excessos de suas palavras na carta, que causam profunda e lamentável sensação de uso indiscriminado do poder, nada temos a repudiar em sua atitude.

É uma questão de honra aos princípios do Espiritismo e compromisso com a verdade não pertencer mais aos quadros da unificação formalizada, que propõe união e, no entanto, faz um serviço de separação. Construiremos a união com atitudes de fraternidade e serviços no bem.

Fundamos a nova organização e estamos sempre de braços abertos à federação para quaisquer iniciativas e trabalhos comuns. Não queremos seguir o mau exemplo de exclusão do qual fomos alvo. Ao contrário, respeitamos as linhas mestras dessa instituição, mesmo não concordando com seus princípios, e queremos que o afeto e o respeito às diferenças sejam nossa inspiração na conduta.

Possivelmente, nesta reunião, você esperava de nós um debate acalorado, mas nossos protetores exus nos orientaram a proceder com bondade e assim o faremos. A menos que você queira acrescentar algo mais, nós que aqui representamos nossas casas nada mais temos a dizer e, para nós, a reunião está encerrada. Apenas solicito mais um instante e encerraremos nossa participação com a leitura de lúcida mensagem mediúnica que deixarei aqui para reflexão. A palavra é da entidade espiritual Maria Mulambo, que ampara essa casa federativa e já nos enviou outra mensagem, algum tempo atrás, em nossa casa espírita. Dessa vez, ela se prontificou a nos fazer um pedido endereçado a todas as casas espíritas que foram desligadas da federação:

"O tempo de regeneração será marcado, sobretudo, pelo abraço fraterno e amoroso entre os diferentes ao se depararem com suas posturas.

É prioritário que homens e mulheres do planeta assumam, com coragem e equilíbrio, seu feminino sagrado, aquela parte da alma que transborda afeto e sensibilidade. O afeto é a ponte entre pontos de vista diversos e a sensibilidade é a ponte entre o ego e o coração. O afeto aproxima pessoas diferentes e a sensibilidade cria um laço de respeito com as diferenças.

Dias melhores dependem desse calor humano com que todos devem se tratar. Por isso mesmo, sugiro aos amigos que respeitem o momento da organização federativa e de seus integrantes. Que acima de opiniões e divergências, impere o amor.

Nossa proteção e de toda equipe de Guardiões será dispensada à reunião e nos movimentaremos para derramar sobre todos a serenidade e a bondade."

Maria Mulambo das Almas.

Elvira estava literalmente engasgada, transtornada com o que acabara de ouvir. Por alguns segundos, como se saísse de um profundo estado de confusão mental, também disse que nada mais teria a acrescentar e que lamentava a atitude de Manoel e de todos os presidentes, acrescentando que não poderia admitir que um exu como essa tal Maria Mulambo fosse protetora da entidade federativa.

A reunião foi encerrada e todos se despediram. Elvira não conseguia coordenar os pensamentos. Mostrava-se confusa e procurava aparentar sobriedade.

Quando Manoel e Rosangela se aproximaram, ela gelou por dentro.

As pombagiras que a assistiam fizeram de tudo para manter seu equilíbrio energético e emocional. Ela era um vulcão de agressividade por dentro, aparentando pacificação.

Os dois a cumprimentaram muito formalmente e se foram.

Companheiros da diretoria da federação perceberam o estado de Elvira e ofereceram o passe, que ela aceitou e durante a oração entrou em choro convulsivo.

Os companheiros de equipe fizeram a interpretação que lhes convinha, supondo que ela estava sofrendo em virtude da decisão de Manoel. Para eles tudo foi recebido como uma revanche, embora o tom do dirigente, ao expor sua proposta, foi o da mais pura concórdia e serenidade.

Amparada por amigos que a levaram até sua residência, naquela noite ela só conseguiu dormir a poder de sedativos oferecidos por Carlos, seu marido, que já estava muito contrariado com todos esses acontecimentos.

Passados alguns dias da reunião, Elvira sentia-se mais calma, mas atordoada pelos sentimentos que a envolviam com Rosangela. O episódio da desfiliação das casas causou-lhe menos mal que a presença da jovem à reunião. Não suportando a pressão, pegou o celular e ligou para ela:

– Perdoe-me por ligar. Você pode me dar alguns minutos de sua atenção? – falou de forma seca.

– Olá Elvira! Claro que posso ouvi-la. Pode falar! – respondeu amorosamente.

– Eu preciso muito conversar com você. Você gostaria de tomar um café comigo?

– Tem certeza de que isso é uma boa ideia?

– Pode até não ser, mas sinto que vou enlouquecer se não puder lhe fazer algumas perguntas. Eu lhe peço, por favor, que aceite. Foi muito custoso eu pegar esse telefone e fazer este convite. Não suportei a pressão das dúvidas.

– Pode ser. Que tal nos encontrarmos amanhã? No lugar de sempre?

– Ótimo. Estarei lá às catorze horas.

Rosangela e Elvira costumavam se encontrar numa casa de café num shopping da sua cidade. Pontualmente, ambas estavam lá.

– Olá, Rosangela!

– Olá, Elvira, que alegria em revê-la!

– Nossa, estou muito nervosa com esse nosso encontro. Vamos pedir uma água?

– Vamos, sim...

– Incrível. Mal dormi essa noite pensando nisso.

– Compreensível...

– Eu nem sei por onde começar.

– Seja direta. Não gosto de meia volta.

– Certo! Você compreendeu meu motivo de ter afastado você da federativa?

– Sim.

– Não se ofendeu?

– Claro que sim. Por acaso você acha que não tenho sentimentos? Como acha que me senti?

– Fui uma egoísta, eu sei.

– Eu diria que você foi muito medrosa.

– Também concordo. Mas não foi isso que me trouxe aqui.

– E o que foi então?

– Até onde você acha que chegaríamos com nosso afeto?

– Pelo rumo das coisas, muito longe.

– Formaríamos um casal? Você acha que sou homossexual por sentir afeto e amor por você?

– Homossexual é um termo muito pequeno para o que vinha acontecendo entre nós. Apesar de nunca nos envolvermos sexualmente, tínhamos algo que era muito maior que isso, nós nos amávamos. Como homoafetivas, o sexo seria uma questão de tempo e poderíamos, sim, ser um casal.

– E por que você acha que fui uma medrosa ao afastá-la de mim e da federativa?

– Porque percebi que seu medo tiraria de você a estrutura para bancar uma relação dessas, já que tem família e se mostrava completamente preconceituosa sobre o assunto.

– Preconceituosa?

– Sim, pois para você tudo o que sentia era consequência de uma obsessão, uma influência para derrubar seu trabalho na federação, uma armadilha.

– Você nunca concordou com isso, não é?

– Nunca. Estava bem resolvida sobre o que sentia por você. O que acontece é que você tem medo de sua própria personalidade.

– E não era para ter?

– Eu a entendo. O que lamento é a forma que usou para resolver a questão. Eu me senti como se fosse uma peste que a contaminou e você, como um anjo, acima de qualquer suspeita.

– Perdoe-me! – e Elvira começou a chorar, disfarçando com um lenço nos olhos.

– Não tenho o que perdoar. Segui minha vida. Compreendi que você não estava pronta para nada do que diz respeito ao seu setor afetivo. E o que preciso e quero é ser amada. Já tive relacionamentos maravilhosos com outras companheiras, inclusive espíritas, e estou muito bem resolvida sobre o assunto. Foi muito bom que você tenha pensado que tudo não passou de uma obsessão. Deu-me tempo para ajuizar sobre a situação. Se você não fizesse o que fez, eu acabaria por tomar uma decisão de me afastar.

– Mas e agora, como eu fico? Pior que não ter você é descobrir esse lado da minha personalidade. O que vou fazer? Eu estou apavorada com o que tenho sentido. Quando a vi na reunião, eu me desorientei completamente, muito menos pela decisão de Manoel e dos centros se desligarem e mais por saber que você estava ali, linda, tranquila, de bem com a vida, assumindo um novo compromisso espírita de vulto. Parecia que minha cabeça ia explodir.

– Eu entendo. Imagino como deve estar sendo difícil para você ter de reconhecer algo que, talvez, tenha negado a vida inteira, principalmente com filhos adolescentes e um marido que pede fidelidade afetiva.

– Nossa! Você acertou na mosca! Acho que neguei isso minha vida inteira. Estou desorientada. Não confio em ninguém além de você para falar sobre o assunto. O que me recomendaria? Esse é o motivo de eu ter pedido para você vir aqui. Eu preciso de socorro. Acha que pode me ajudar?

– Que bom ouvir isso. Dirigentes espíritas não são obrigados a se manter bem o tempo todo, são humanos, falíveis e com fragilidades como qualquer pessoa. Essa cultura de que eles são especiais e preparados o suficiente para exercerem uma missão no centro espírita é um fruto nocivo do orgulho humano e um prato cheio às trevas, as quais adoram alimentar a hipocrisia por meio de uma falsa superioridade da qual ainda estamos muito distantes.

Para uma mulher com responsabilidades expressivas como as que você tem, assumir suas dores internas é um caminho de libertação. Só duvido que, pelos caminhos ortodoxos da federação, você vá encontrar apoio. Não acredito mesmo.

– Por que você não acredita nisso?

– Porque em todo lugar, esse tipo de servidor da doutrina, com raríssimas exceções, é alguém muito preparado intelectualmente e que busca manter uma pose inquebrantável. Todos adoram ostentar uma sabedoria e uma falsa aparência de equilíbrio.

Internamente são sepulcros caiados. Alguns, é bem verdade, até tentam ser mais afetivos, sinceros, autênticos e informais; no entanto, são reprimidos e rejeitados nos bastidores da fofoca em seus núcleos de trabalho, e passam por processos destinados a afastá-los das atividades.

Não tenho outro nome para isso senão hipocrisia oficializada. Devemos reconhecer, infelizmente, que temos um movimento dissimulado dentro do movimento espírita.

Jesus, é claro, os aceita como são, pois a seara é Dele. Eles realizam muito pela doutrina, mas são carentes nas realizações que deveriam fazer por seus próprios espíritos. São bons para a doutrina, mas não tão bons para si mesmos no campo do autoamor e, em consequência, do amor ao próximo.

Percebendo isso, não quero fazer parte desse grupo de pessoas.

– Confesso que estou chocada com o que você falou, mas sou obrigada a lhe dar razão.

– Você não é obrigada a nada, a não ser a cuidar de você. Paulo negou o Sinédrio[1] por conta da hipocrisia dos que o compunham.

– Acha que terei de fazer algo tão radical?

– Acho que terá de procurar ajuda primeiro, ouvir seus guias que sabem do que você precisa.

– Ouvir meus guias? Como? Onde? Queria ter essa oportunidade, mas onde?

– Lamentavelmente, você faz parte de uma entidade que construiu uma visão histórica de mediunidade que, na maior parte delas, não estabeleceu o contato direto com os espíritos para o aconselhamento individual, isso é algo que quase não existe. A doutrina é dos espíritos e a grande maioria faz Espiritismo sem espíritos. Outros até fazem mediunidade em suas organizações doutrinárias, mas, lamentavelmente, são escravos de concepções para endossar seus trabalhos.

– Eu nem sei nada sobre esse lado espiritual.

– E quando recebe uma mensagem para ajudá-la, como a de Maria Mulambo, só porque se trata de um exu, você a critica e a desconsidera.

---

1 O "Sinédrio" é o nome dado à associação de juízes que a lei judaica determinava que existisse em cada cidade para decidir sobre questões religiosas, políticas, criminais e civis do povo judeu. O Grande Sinédrio era uma assembleia de juízes judeus que constituía a corte e o legislativo supremos da antiga Israel.

– Tinha que ser dela? Por que não de Bezerra de Menezes? De Eurípedes Barsanulfo? De André Luiz... sei lá!

– Esse é o ponto. A pergunta deve ser feita ao contrário. Por que só Bezerra, Eurípedes, André Luiz? Você não sabe disso, mas o braço direito de Bezerra é a falange de Exu Tranca Ruas.

– Isso é inacreditável, não entendo. Temos um médium na federação que recebe umas mensagens de uma tal de Elantra, que não faço a mínima ideia de quem seja, mas eu as considero com bom conteúdo. Tudo o que ela me disse, até hoje, aconteceu como descreveu. Mas não sei até onde posso acreditar nela. Em recente mensagem, disse que eu passaria por uma dura prova. E aí está, né? Mesmo assim, Ave-Maria! Difícil de acreditar!

– Eu sei que esse é o pior efeito de quem não vive uma rotina pautada na mediunidade livre, no intercâmbio sadio e espontâneo com os desencarnados, permanecendo apegados a modelos históricos, repletos de formatos que engessam a livre expressão mediúnica, inspirados apenas naqueles que se estabeleceram como sendo os médiuns consagrados do movimento espírita. Um lamentável e frágil critério de validação para produções mediúnicas autênticas e úteis.

– Tudo isso é muito para minha cabeça...

– Você não precisa acreditar nisso agora. Busque ajuda para suas questões íntimas. Eu posso indicar uma pessoa séria e um médium muito responsável. É um umbandista, chama-se pai Jeremias. Acredito que ele poderá lhe dar uma orientação precisa.

– Jesus! Eu procurar um Pai de Santo?!

– Enquanto você se julgar dessa forma, sua dor vai permanecer.

– Já pensou se alguém do movimento espírita vir uma presidente de federação em um centro umbandista?

– Seria uma bênção se isso acontecesse.

– Não para mim.

– Com certeza seria uma bênção para o trabalho do Cristo. Para você, talvez, seria uma vergonha, o que deixa claro seu preconceito.

– Não é preconceito. Essa mistura descaracteriza a doutrina. Você não acha?

– O que eu acho que descaracteriza a doutrina é a hipocrisia, o desprezo aos diferentes, a rigidez de conceitos.

Na minha concepção, em todo congresso espírita deveria se assentar à mesa de cerimônia um representante de cada segmento, inspirado na mensagem de Jesus, para ter a oportunidade de falar: os umbandistas, os católicos, os evangélicos e outros mais.

Tivemos notícias de um recente congresso no mundo espiritual, no qual Eurípedes Barsanulfo e diversos vultos da história do Espiritismo foram homenagear a graduação de cinco exus promovidos à condição de Guardiões, em missões muito amplas.

– Isso é muito para mim, Rosangela. Desculpe-me!

– Compreendo e não quero mais ampliar esse assunto com você. Tudo tem seu tempo.

Eu vou lhe dar o telefone de Ricardo, integrante do Centro Espírita Luz e Amor. O centro no qual ele trabalha não fez parte da desfiliação e eles gostam muito de você. Ele tem acesso a pai Jeremias. Quem sabe consegue uma consulta mais particular a você.

– Acha mesmo que esse pai Jeremias aceitaria essa condição?

– Os umbandistas costumam ser mais abertos a isso. Embora lá também tenham as mesmas limitações impostas pelo orgulho e pela soberba do intelectualismo, pai Jeremias foge à regra. É um amor de pessoa e um médium de grande valor moral.

– Eu agradeço muito por seu carinho. Vou ligar para ele ainda hoje. Posso fazer-lhe mais uma pergunta?

– Claro.

– Você ainda gosta de mim?

– Gosto muito, mas de outra forma. Continuei meu caminho e encontrei uma parceira maravilhosa que está comigo nas atividades da nova federativa que fundamos. É amiga de Manoel. A vida segue e você fez sua escolha.

Elvira não suportou a resposta e deixou cair algumas lágrimas. A conversa se encerrou e elas se despediram afetuosamente, indo cada uma cuidar de seus afazeres.

Maria Mulambo, que não abandonava Elvira, também esteve presente no encontro, inspirando Rosangela e acolhendo ambas naquela ocasião que mudaria o rumo do futuro.

CAPÍTULO 10

# PRAZO DE VALIDADE NAS MISSÕES PERANTE A VIDA

Elvira enfrentou momentos muito difíceis com a desfiliação das casas espíritas da federativa. Passaram-se alguns meses do encontro com Rosangela e ela não teve coragem de ligar para Ricardo e pedir ajuda.

Tudo estava ficando insuportável até que, em uma manhã, Carlos foi abordado na porta da casa deles, sendo ameaçado por dois companheiros de doutrina que queriam tirar satisfações com Elvira.

Isso foi a gota d'água para deflagrar maiores desafios. Se Elvira já enfrentava as lutas íntimas emocionais e os conflitos na organização federativa, agora o marido dava-lhe um ultimato:

– Não suporto mais, Elvira! Toda essa situação ficou ridícula e perigosa, com os telefonemas anônimos, as mentiras sobre você se envolvendo com aquela tal de Rosangela, a intimação na justiça e agora ameaças no portão de casa. Para mim chega! Em minha opinião, o Espiritismo é uma porcaria com toda essa gente fajuta! E sua dedicação exagerada? Tem algo muito doentio nesse comportamento! Não dou mais conta e estou saindo de casa, levando nossos filhos comigo.

– Está bem, Carlos. Eu não tenho mais coragem de pedir nada a você e reconheço minha falência como esposa e como espírita. Faça o que achar melhor.

– Se eu fosse você, buscava ajuda, sei lá, até mesmo em um centro umbandista, para ver o que está acontecendo, uma vez que no movimento espírita eu não vejo essa possibilidade. Agora, para mim, já deu, eu não fico mais aqui!

Eles reuniram os filhos, explicaram sobre a necessidade de saírem dali com o pai, arrumaram algumas roupas e itens mais necessários e foram embora. A separação foi inevitável e, mesmo debaixo de muito sofrimento para toda a família, era preciso que Elvira resolvesse essa parte perturbada da sua relação com o marido, pois muito antes de todos esses acontecimentos, a vida afetiva deles já havia adoecido. E os filhos adolescentes percebiam isso, bem como as constantes ausências da mãe na vida deles. Nessa hora, maior dor se acumulava no coração de Elvira, mais por conta da ausência dos filhos do que pelo casamento desfeito.

Ela não suportava mais tanta amargura e tristeza. A insinuação do marido sobre procurar um centro umbandista lhe trouxe à mente a recomendação de Rosangela. Ela procurou em suas anotações, encontrou o telefone de Ricardo na bolsa e ligou para ele:

– Bom dia, eu queria falar com o senhor Ricardo.

– Bom dia! Meu pai não está no momento. Quem está falando?

– Meu nome é Elvira.

– Olá, Elvira, muito prazer!

– Quem está falando?

– Meu nome é Natasha.

– Natasha, desculpe-me por minha aflição, mas eu preciso falar urgentemente com seu pai. Teria como fazer um contato mais rápido com ele em outro número, um celular, talvez?

– Lamento muito, ele esqueceu o celular em casa, mas estará aqui na hora do almoço. Você quer esperar por ele ou será que eu posso ajudá-la em alguma coisa?

– Estou muito aflita e preciso muito que ele me auxilie a conseguir uma consulta com pai Jeremias. Sou espírita muito influente aqui em nossa cidade e preciso de uma consulta mais discreta, privada, pois estou em um momento de muita dor.

– Entendo. Olha, Elvira, eu mesma posso tentar isso para você, se não se importar, ou prefere esperar por meu pai?

– Não, não. Eu estou muito abalada. Se puder me fazer essa caridade, eu agradeço. Você, como filha dele, já deve estar acostumada a esses petitórios, não é?

– Não se acanhe, pois sei bem o que é precisar de ajuda urgente e por isso faço questão de ajudar a quem puder. Você pode me ligar em meia hora? Vou tentar falar com pai Jeremias.

Ao atender Natasha, pai Jeremias percebeu a presença de Maria Mulambo solicitando urgência no atendimento. O encontro foi marcado para a tarde daquele mesmo dia. Ao dar o retorno, Natasha acalmou o coração de Elvira com palavras de conforto e esperança.

Eram quatorze horas quando ela chegou à casa de Umbanda. Era uma residência simples e bem cuidada, construída perto da natureza, o que lhe dava um ambiente relaxante e aconchegante. Também havia algumas salas destinadas aos atendimentos espirituais realizados na casa do Pai de Santo.

Após ser muito bem recebida por ele, foram para outro ambiente onde havia um altar e várias velas acesas. Elvira, já não bastasse seu clima emocional, ainda estava muito tensa com tudo aquilo.

– Eu agradeço por me receber, pai Jeremias.

– Nada a agradecer, minha filha, eu já estava a sua espera.

– Mesmo?

– Sim, e há um bom tempo. Procure ficar relaxada, você está muito bem amparada.

– Eu preciso mesmo. Estou super tensa. Se já não bastasse tudo o que venho passando, eu confesso que o fato de estar aqui, para mim, é algo muito difícil. Para ser sincera, nem sei o que pedir.

– Não precisa pedir nada, minha filha. Você está aqui de consulta marcada com Maria Mulambo.

– Maria Mulambo? De novo ela?

– Ela está me dizendo que sim.

– Parece que ela me persegue. Esse nome me incomoda, desculpe-me pela sinceridade.

– Ela está me perguntando se o nome Elantra fica melhor...

– Elantra? Então, Maria Mulambo é a tal Elantra que se comunica nas reuniões da federação?

– Ela mesma.

– Meu Deus! Pai Jeremias, o senhor sabe, então, por que estou aqui?

– Parcialmente sim. Mas se você quiser falar a respeito, eu prefiro.

– Acho que estou ficando louca. Foram muitos os acontecimentos.

Desabafando intensamente, Elvira falou por mais de vinte minutos, sem parar. Ao final, perguntou:

– O que o senhor acha do meu caso? É uma obsessão?

– Não, minha filha. Obsessores passam longe da sua história. Como me inspira Maria Mulambo, eu diria que é um aprendizado.

– E por que tanta dor?

– A dor é um sinal de que não estamos sabendo o que fazer com as provas que nos são entregues nem realizar os aprendizados que elas propõem.

– Isso é muito verdadeiro. Sinto que estou perdida, mesmo com tanto conhecimento.

– Nós nos perdemos toda vez que nos afastamos de nossa realidade pessoal para encenar um personagem que não corresponde às nossas necessidades e interesses essenciais.

– Encenar?

– Sim, encenar. É muito forte pensar nisso para você?

– Pensando bem, nem tanto. Têm horas que realmente acho que sou uma farsa, que estou representando um papel em quase todos os setores da minha vida.

– Sentimo-nos assim quando perdemos contato com nossa essência. Quando fazemos de conta que somos alguém apenas para atender ao nosso ego.

– Eu não sei o caminho de volta, pai Jeremias!

– A vida está construindo esse caminho para você, independentemente de ter consciência disso ou não. Tudo o que vem lhe acontecendo nos últimos tempos tem um propósito.

– Parece que são coisas tão avessas a tudo que aprendi no Espiritismo.

– Mas não são, segundo me diz Maria Mulambo.

– O senhor pode fazer uma pergunta a ela?

– Pode perguntar, ela está ouvindo.

– Há mais de duas décadas que sou espírita atuante e pergunto: aprendi tanta coisa, fiz tantos cursos, dediquei-me tanto, para quê?

– Ela diz que foi para encontrar a si mesma.

– E mesmo que eu me encontre, o que faço com vinte anos de conhecimento, de experiências, de trabalhos erguidos em nome do bem, enfim, com todos os meus ideais e responsabilidades comunitárias assumidas em nome do Espiritismo?

– Elvira, todas essas vivências são salas de aulas. Nada disso tem valor absoluto perante a rota evolutiva do ser. Chega um momento em que o estudante é chamado a sair delas e entrar na vida. Alguns alunos cumprem missões específicas e viverão uma vida inteira nessa sala. A maioria, porém, ao se manter por prazo longo demais em tais vivências, corre enorme risco de trocar o essencial pelo passageiro. A sala de aula é transitória e o que importa é o que faremos de nós fora dela. A essência é nossa melhoria pessoal.

– Jesus! Estou ouvindo isso ou estou entendendo tudo errado?

– Está ouvindo o que não gostaria e, como muitos, relutando em abandonar a sala para construir sua história pessoal de espiritualização.

– Sinto-me insegura de pensar nessas coisas.

– Isso é mais do que natural e um indício de sua responsabilidade e bom-senso.

– Estou muito aflita com essa fala. Será que "ela" – e preferiu não mencionar o nome de Maria Mulambo – não teria algo a me dizer a fim de me dar alívio?

– Ela disse que você está precisando de amor e que, na sala de aula, nem sempre vai encontrar isso.

Elvira não conseguiu conter o choro. A frase pequena e tão substancial tocou-lhe a alma. Chorou feito criança e, depois de alguns suspiros, disse:

– O senhor me perdoe o pranto. Não suportei!

– O que ela disse faz sentido para você?

– Com certeza, ela tocou no fundo da minha alma.

– Elvira, eu vou lhe explicar o que está acontecendo. Sua entidade federativa está em clima de guerra no mundo dos espíritos. Há um plano ousado, que faz parte de uma iniciativa orquestrada pelas falanges da maldade, para desvitalizar o movimento espírita nacional. Na verdade, você está sendo poupada e isso tem exigido de nossos benfeitores espirituais uma enorme dose de energias para construir sua proteção.

É necessário um temperamento muito rígido, afetivamente falando, para dar conta de tamanha pressão. Ali não é mais seu lugar.

Sua missão agora é outra. Já existe quem está apto a substituí-la nesse momento.

– Pai Jeremias, eu estou muito confusa. Poupada? Com toda essa dor que estou sentindo? Eu me vejo é muito desamparada e abandonada pelos mentores espirituais.

– A dor naturalmente é sua, mas se não houvesse proteção, os adversários cruéis do movimento espírita criariam um escândalo com os acontecimentos que cercaram sua vida nos últimos tempos. Maria Mulambo está me dizendo que você foi poupada de maiores dores, e as que você sente pertencem ao seu aprendizado pessoal na direção de vivências mais amplas como espírito eterno.

Nesse momento, há instituições inteiras em guerras duras no astral das federativas e grandes organizações de todos os estados brasileiros.

Você está sendo retirada do *front*, para seu próprio bem.

– Isso não é uma fuga?

– No seu caso não. Primeiro porque existe alguém mais apto para esse momento tão decisivo do movimento espírita. E segundo porque você necessita de tratamento. Seu desgaste está em um limite muito perigoso, em termos mentais.

– Nisso eu concordo plenamente. Sinto que vou enlouquecer e perder o controle.

Após alguns momentos de silêncio, pai Jeremias assumiu outra feição e postura, sua voz se afinou e Maria Mulambo, pela incorporação, assumiu a palavra:

– Demorou a aparecer, moça teimosa...

– É Maria Mulambo?

– Eu mesma! Elantra para os preconceituosos.

– Eu não lhe quero mal, Elantra. Só estou com dificuldade em acreditar...

– Pois então! O nome disso é preconceito. Está difícil acreditar porque prefere crer no que sabe, tem seus próprios conceitos endurecidos e está pagando caro por isso, sem necessidade. Sua sensação de desamparo e abandono tem raiz nessa imperfeição. Abra seu coração, moça!

– Já não estou dando mais conta de segurar minha atitude, Maria Mulambo. A dor é tanta que estou pouco ligando para o que pensam ou deixam de pensar sobre mim.

– Faça o bem a você, moça. Você se assustou com a notícia?

– Que notícia?

– Da guerra.

– Nem imaginava que isso estava acontecendo. Nenhum de nossos médiuns na federação falou nada a respeito. Apenas notamos uma presença mais constante de Bezerra de Menezes.

– Melhor assim, que não sejam informados sobre o que está acontecendo, pois há risco de vida, tamanho o nível de ansiedade e raiva. Sua federativa vai passar por momentos caóticos.

– E vocês me poupam disso. Ainda custo a aceitar.

– Se quiser, podemos deixar que você siga o rumo dos fatos. Aonde acha que vai conseguir chegar?

– Mas não seria isso que deve passar a presidente de uma entidade espírita desse porte e com essa responsabilidade?

– Só os insanos podem acreditar nisso, mulher. Problemas e lições são esperados nessa sala de aula, mas desordem, interesse pessoal e disputa são coisas de gente sem juízo. Você acha sensato ser processada na justiça? Que religião é essa?

– Eu sei, estou muito chocada com tudo isso. É mais uma ocorrência que muito me desestruturou.

– Nesse estado de choque, você não percebe a ajuda que está recebendo porque prefere acreditar em noções rasas sobre a missão que lhe foi confiada.

– Posso perguntar algo?

– Estou aqui para isso.

– Que decisão tomar diante de tudo isso? Vocês estão me poupando para que eu saia de lá?

– Sim, porque você tem méritos. Se vai sair ou ficar, é com você. Meu conselho é: caia fora.

– Abandonar o barco?

– Não, passar o leme para quem está pronto e deseja remar. O barco não será abandonado por ninguém, tem muita gente interessada no que está acontecendo. No entanto, nenhum deles está em penúria moral e vivendo o clima de dor que você experimenta. Não é abandonar o barco, é priorizar seus cuidados essenciais e dar novo rumo aos ideais de melhoria espiritual.

– E minha missão com a federação?

– Está cumprida.

– Cumprida?

– Sim. Esse é o mal de muitos espíritas: achar que missão é algo para a vida toda. Existem prazos de validade também nas missões e o seu já venceu. Além disso, a primeira e verdadeira missão de cada ser é cuidar de si mesmo. O restante é treino para aprender como fazer isso da melhor forma. Ao cuidar tão exclusivamente da federação, você foge de suas necessidades essenciais.

– E o que é mais essencial que o trabalho?

– O amor. Vamos falar disso?

– Amor?

– Sim. Quer falar?

– Nem sei o que dizer...

– Vamos começar falando sobre como vai seu coração?

– Péssimo, solitário, amargurado, carente.

– E onde acha que pode curar isso? Na federação?

– Nem faço ideia. Estou tão perdida que não sei nem o que dizer. Sinto-me mal só de ter que ouvir essa pergunta.

– Para quem sempre achou que controlava tudo em função do conhecimento que tinha, você não poderia sentir algo diferente. Só que está claro que conhecimento e trabalho espírita não são suficientes para resolver o que você que precisa.

– Maria Mulambo, o que você acha que tenho de resolver?

– Aprender a amar para ser amada também.

– Isso mexe mesmo comigo. Por caridade, dê-me um abraço, eu não suporto mais. Perdoe-me por tanto preconceito e orgulho!

A cena não poderia ser mais linda. Elvira, ao ser abraçada, rendeu-se à energia da Pombagira Maria Mulambo. Ela chorava e soluçava como uma criança. Passados alguns momentos, ouviu a voz grossa de pai Jeremias, que saiu do transe mediúnico e esclareceu:

– Ela me disse que você vai achar brevemente os caminhos do amor, Elvira.

– Ela já foi, pai Jeremias?

– Sim, desincorporou.

– E ainda está entre nós?

– Está aqui nos ouvindo ainda. E pediu-me para lhe dar um presente.

– Pai Jeremias abriu uma pequena gaveta em uma cômoda, tirou uma caixinha e entregou a Elvira.

– O que é isso, pai Jeremias?

– É o lenço dourado de Maria Mulambo.

– E o que significa?

– Guarde-o. Quando ela oferece esse presente, é porque está abrindo os caminhos energéticos da pessoa presenteada e vai orientar seu destino.

– Que Deus lhe ouça, pai Jeremias!

– Você se sente melhor?

– Muito melhor.

– Eu quero lhe recomendar o tratamento em nossa casa umbandista. A senhora aceitaria?

– O senhor me dá um tempo para resolver algumas coisas?

Após instantes de reflexão, ele respondeu:

– Dou um mês. Combinado?

– Por que um mês?

– Ela é quem sabe dos prazos – e apontou o dedo indicador para cima, referindo-se a Maria Mulambo.

– Será que consigo, em um mês, fazer o que estou pretendendo?

– Escute o que ela está falando, Elvira. Esses espíritos não falam do que não sabem.

– Espero que ela esteja certa.

– Ela pediu para que você converse mais com Natasha.

– A moça que marcou minha consulta com o senhor?

– Ela mesma.

– A respeito de que?

– Natasha está no trabalho de nossa casa umbandista, fazendo progressos notáveis, e também já transitou do Espiritismo para a Umbanda. Acredito que seja a pessoa indicada para orientar seus primeiros passos em nossa tenda. Por ser um coração muito sofrido, poderá ampará-la com amizade nesse momento.

– Farei isso sim.

Depois desse episódio, guardas espirituais sob o comando da pombagira se revezavam na proteção a ela, que foi intensificada. O atendimento foi um divisor de águas em sua vida. Saiu meditativa e com esperança radiante do encontro com pai Jeremias e Maria Mulambo. A humildade, a leveza e a lógica dos conceitos do Pai de Santo e da pombagira lhe infundiram ânimo novo. Ela estava decidida a entregar o cargo, pois queria usufruir da sensação de liberdade que sentiu naquele contato inesquecível.

Passados três dias do acontecido, ela foi surpreendida pelos diretores da federação que lhe fizeram uma proposta de mudança de cargo, considerando sua separação e o momento de desgaste emocional pelo qual passava. O estatuto da federação foi a seu favor, constando cláusula que envolvia o necessário desligamento em caso de tratamento. De fato, todos naquele grupo tinham aspirações diversas e entendiam que Elvira já não atendia mais às exigências do momento.

Era tudo o que ela mais desejava e precisava. Não ter que administrar mais conflitos e lutas internas na organização. Fugir desse rebuliço que lhe fazia muito mal. Resolveu desligar-se totalmente e sua saída foi um ato natural e bem visto por todos. Para ela, foi um verdadeiro presente dos céus. Seu momento agora era o de se dedicar aos cuidados pessoais. Não justificava mais aquela obstinação em ser útil ao movimento espírita, pois internamente se achava frágil, sem ânimo e desorganizada.

Seu ex-marido, muito compreensivo e justo, amparou-a sem cobranças e os filhos a apoiaram em tudo. Com menos de trinta dias, como havia previsto a pombagira, podia-se dizer que Elvira fechava um ciclo de vida e abria novas oportunidades em seu caminho.

O jovem Rafael, que sempre nos acompanhava na sequência dessa história, ficou surpreso com a ideia de prazo de validade nas missões e resolveu perguntar.

– Pai João, explique-me esse prazo de validade para missões. Pode um espírito como Maria Mulambo entrar assim na vida de Elvira e ser tão direta a respeito do que ela tem de fazer? Ela não estaria entrando no carma dela?

– Rafael, a questão 259 de *O livro dos espíritos* vem em nosso auxílio nesse tema. Vejamos:

"Do fato de pertencer ao Espírito a escolha do gênero de provas que deva sofrer, seguir-se-á que todas as tribulações que experimentamos na vida nós as previmos e buscamos?

Todas, não, porque não escolhestes e previstes tudo o que vos sucede no mundo, até às mínimas coisas. Escolhestes apenas o gênero das provações. As particularidades correm por conta da posição em que vos achais; são, muitas vezes, consequências das vossas próprias ações. Escolhendo, por exemplo, nascer entre malfeitores, sabia o Espírito a que arrastamentos se expunha; ignorava, porém, quais os atos que viria a praticar. Esses atos resultam do exercício da sua vontade, ou do seu livre-arbítrio. Sabe o Espírito que, escolhendo tal caminho, terá que sustentar lutas de determinada espécie; sabe, portanto, de que natureza serão as vicissitudes que se lhe depararão, mas ignora se se verificará este ou aquele êxito. Os acontecimentos secundários se originam das circunstâncias e da força mesma das coisas. Previstos só são os fatos principais, os que influem no destino. Se tomares uma estrada cheia de sulcos profundos, sabes que terás de andar cautelosamente, porque há muitas probabilidades de caíres; ignoras, contudo, em que ponto cairás e bem pode suceder que não caias, se fores bastante prudente. Se, ao percorreres uma rua, uma telha te cair na cabeça, não creias que estava escrito, segundo vulgarmente se diz.".

Como é dito, previsto só são os fatos principais em um projeto de reencarnação. Elvira traz lutas amargas na questão da afetividade e esse é um ponto essencial em seu retorno ao corpo físico. Sonhava casar e ser mãe, supondo que, assim, se veria realizada internamente, o que não aconteceu. Sua solidão e carência permanecem desatendidas e a atordoam. Nem mesmo os filhos, que tanto ama, lhe aplacaram a sede de amor. Fazia parte de seu projeto o conhecimento do Espiritismo em plena juventude, o qual seria a luz que lhe faltava para enobrecer seus caminhos educativos.

Entretanto, como muitos companheiros de ideal, trocou a essência pelo movimento externo. Maria Mulambo lhe advertiu muito sabiamente a respeito disso.

Estava previsto em seu projeto que usaria as três primeiras décadas de sua reencarnação com propósitos enobrecedores junto à espiritualização e aquisição de conhecimento da imortalidade. Isso lhe acentuaria a responsabilidade e a maturidade para enfrentar suas verdadeiras provas. Ela já está com quase trinta e sete anos, dos quais se dedicou mais de vinte ao empenho doutrinário, e não encontrou seu mapa pessoal de reencarnação. Sente--se infeliz, triste e desolada, mesmo permanecendo no serviço ativo do bem.

Nobres guias que a assessoram, em função dos méritos de que se fez credora, deliberaram abrir seus olhos e trabalharam duro para que as coisas acontecessem assim. Levá-la até o pai Jeremias, possibilitar o encontro com Maria Mulambo, afinidade espiritual de seu coração, e fazer o desligamento da federação são ações que fazem parte de um plano bem elaborado e processual.

Maria Mulambo não agiu por gosto próprio, foi apenas uma intermediária de muitas medidas planejadas em favor de Elvira, inclusive a pedido de Bezerra de Menezes que, nesse momento tumultuado, onde o movimento espírita se encontra debaixo de muita pressão espiritual, rogou o afastamento dela, visando a outros destinos do trabalho. Maria Mulambo, de fato, está intervindo favoravelmente no carma de Elvira e acompanhando os fatos de cá para lá. Ficou fácil prever que tudo aconteceria em trinta dias.

O prazo de validade da tarefa que ela exercia na federação já ultrapassou, em muito, o tempo de utilidade e aprendizado para seu espírito. Essa é uma lição que nossos companheiros de doutrina necessitam muito assimilar: a importância de servir e seguir.

O apego a muitas atividades, acrescido da influência exercida pelo orgulho de se supor insubstituível, tem mantido pessoas à frente de responsabilidades das quais já deveriam ter passado o bastão.

O caminho de Elvira realmente é outro e manter-se, por teimosia, nessa direção ainda poderia lhe trazer muitos enganos.

– E que tipo de aprendizado ela fez na federação, considerando seu projeto de vida? Alguma coisa ela foi aprender lá, ou não?

– Não existem aprendizados ao acaso. A federação foi muito importante para ela perceber que controlar não preenche a alma de alegria, sendo uma das fontes de dilatação da carência e da solidão. Isso, no entanto, é apenas um dos pilares do seu aprendizado na busca do seu grande objetivo reencarnatório.

– Ela era muito controladora?

– Quem assume postos dessa natureza quase sempre o é. A menos que tenha conquistado uma ampla consciência de desapego e de desinteresse pessoal, atola-se na necessidade de gerir não só as casas espíritas, mas também o modo de pensar das pessoas. O respeito à diversidade e a atitude honesta de acolhimento às diferenças têm passado longe da maioria desses ambientes que se consomem em disputas.

Elvira está se sentindo desnutrida de afeto, uma vez que as duras provas nessa tarefa lhe secaram o coração. E esse fato a distancia de seus propósitos mais essenciais na reencarnação. Isso agravou seu estado de humor e perturbou seu afeto, campos que estavam no planejamento do seu regresso ao corpo físico para resolver definitivamente.

– Então, prazo de validade é o tempo de aprendizado em uma determinada atividade na vida física?

– Exatamente, e que pode ser encurtado, adiado e até suprimido, como é o caso de Elvira.

Existem prazos de validade para empregos, estadia em lugares, tempo no corpo físico, doenças, saúde, amizades, casamentos e assim por diante.

Tudo obedece a ciclos de aprendizado na vida. Eis um tema essencial em se tratando do carma.

Os exus são muito experimentados na arte de identificar esse tempo dos ciclos, por meio da clarividência e da clariaudiência, pois penetram nos corpos sutis da pessoa e identificam, em segundos, as diretrizes da reencarnação dela, entre outros recursos mentais para os quais não existem palavras no mundo físico para definir.

– Então, o que parecia uma sugestão de Maria Mulambo é fruto de algo muito bem orquestrado, uma obra na qual até Bezerra de Menezes está envolvido.

– Isso mesmo, e por isso se diz que os exus são os organizadores do caos. Na verdade, a recomendação para Elvira veio de uma hierarquia de Bezerra até Maria Mulambo.

Os exus são embaixadores do carma. Veja bem, Tranca Ruas, que assessora Bezerra, ordenou que se retirasse do *front* aqueles que não tiverem estrutura para esse momento, e assim ocorre nas federações e instituições de todo o país. Essas ações são o resultado de um plano de trabalho de equipes que coordenam o Espiritismo brasileiro. Não temos aqui, simplesmente, um conselho de Maria Mulambo dado ao acaso, e sim parte de um todo muito bem organizado.

Por exemplo, na organização que Elvira presidia, aconteceu uma limpeza coletiva de aura há sessenta dias. Quando os exus fazem esse trabalho, com uso de técnicas apométricas, todo o panorama energético de cada membro envolvido naquela organização muda. Alguns tiveram problemas físicos; outros ficaram mais fortes e dispostos aos embates; outros, que estavam desanimados, adotaram uma postura irônica e leviana; outros, como Elvira, deliberaram pelo afastamento, e em cada caso o que prevalece na postura é a essência de cada colaborador. Esse trabalho de limpeza coletiva da aura do grupo é tão intenso que tudo que estiver energeticamente amarrado, retido, se desenrola para acontecimentos novos.

E até mesmo uma iniciativa desse porte obedece a um conjunto de medidas e cuidados planejados a fim de que se alcance o melhor dos objetivos, ou seja, destinar cada membro ao encontro de suas maiores necessidades pessoais.

– Aura coletiva?!

– Cada grupo tem sua aura, formada pelo conjunto de interesses, propósitos, comportamentos e perfis individuais de seus trabalhadores. No caso da federação, a aura era de energia densa e intensa, em função das tribulações e disputas no relacionamento. Ciúme, inveja, irritação, prepotência, abuso e outras emoções construíram um campo de travamento energético, uma prisão astral que paralisa o andamento saudável das atividades e iniciativas da casa. Isso estava sendo usado com muita habilidade pelos opositores desencarnados da organização e afetava a vida particular de cada membro. Essa ação é tão grave sobre os trabalhadores que cria uma atmosfera de hipnose coletiva e padronização de sentimentos.

Quando essa manta astral é desfeita, cada qual fica entregue a si próprio, mudam-se raciocínios e sentimentos, permitindo decisões e reflexões antes impossíveis.

E só é permitida tal atividade de magia profunda em favor do bem com autorização expressa dos exus graduados.

– É, pai João, estou aqui pensando: há tanto preconceito com os exus e, no entanto, eles são profundamente capazes e - muito mais que isso - são embaixadores que defendem nossas necessidades.

– Sim, são embaixadores da justiça e do bem. No silêncio e no anonimato, foram e são os grandes artífices dos destinos do movimento espírita brasileiro. Mesmo com tantas lutas na seara, se não fossem eles, muito provavelmente o movimento espírita estaria reduzido a pouco mais de mil casas pelo Brasil afora, sendo que hoje são mais de quinze mil. Tudo teria estagnado quando foram enfrentados os embates severos e decisivos, lá pelo idos de 1947[1] e, com o tempo, a seara minguaria e o Espiritismo correria riscos de desaparecer.

– Santo Pai!

– Um dia, Rafael, os exus ainda serão enaltecidos como merecem por nossos irmãos da doutrina espírita.

– Que assim seja, pai João!

---

1 *Os dragões* - Capítulo 11, autoria espiritual de Maria Modesto Cravo, pela psicografia de Wanderley Oliveira - Editora Dufaux.

CAPÍTULO 11

# MARIA MULAMBO, A CONDUTORA DOS DESTINOS NO AMOR

Passados pouco mais de quarenta dias após o encontro com pai Jeremias, Elvira resolveu ligar novamente para Natasha, pois queria voltar à tenda umbandista.

– Boa tarde! É Natasha quem fala?

– Sim, Elvira, sou eu.

– Nossa, você não esqueceu minha voz?

– Mais que isso, eu sabia que me ligaria hoje.

– Verdade?

– Logo pela manhã, algum espírito me soprou isso aos ouvidos e, mesmo sem conhecê-la, seu nome vinha em minha mente insistentemente.

– Imagino quem seja!

– Quem?

– Maria Mulambo, já ouviu falar?

– Mas claro que sim, ela trabalha em nossa casa umbandista.

– Ah, sim, claro. Com o pai Jeremias, não é?

– Sim, isso mesmo.

– É! Ela parece estar muito interessada em minha felicidade e eu, preconceituosa e cabeça-dura que sou, estou adiando essa decisão.

– Somos todos assim, Elvira. Criamos uma batalha sem-fim com nossas imperfeições. Falo por mim, que custei a aceitar os chamados do mundo espiritual.

– Pois é, Natasha, é por essa razão mesma que estou ligando. Primeiramente para agradecer por sua atenção e carinho comigo, o que já deveria até ter feito há mais tempo. A consulta com o Pai de Santo foi um divisor de águas para mim. Estou enfrentando momentos decisivos em minha vida e as recomendações que recebi dele só me fizeram bem.

Falta apenas visitar o centro de vocês. Demorei a fazer isso por uma questão muito pessoal, mas não paro de sonhar e ter a mente repleta de pensamentos a respeito dessa visita. Será que você, de alguma forma, poderia me ajudar novamente? Eu, sinceramente, por ignorância e preconceito, estou muito atordoada com a ideia da visita à tenda de Umbanda de vocês.

– Que engraçado, Elvira. Eu nem a conheço e hoje, quando me lembrei do seu telefonema, me veio à mente algo muito similar ao que você me pede. Um desejo de lhe acolher e apadrinhar seus caminhos na Tenda de Umbanda Pai Benedito, como adotamos em nossa casa. Eu nada sei do que conversou com pai Jeremias, mas parece que desde aquele dia do nosso contato telefônico foi feita uma conexão entre mim e você, que não sei explicar.

Mesmo sem conhecê-la eu me afeiçoei a você a tal ponto que quero lhe dizer: conte comigo para o que precisar. Eu também fui acolhida dessa forma pelas pessoas que hoje se tornaram meus pais, enviados por Deus na minha vida, a dona Helena e o senhor Ricardo, e quero retribuir tamanho acolhimento e carinho de alguma forma. Vamos marcar sua visita na tenda para esta sexta-feira, pois temos gira de exu e é um ótimo momento para você começar. Além do mais, Maria Mulambo sempre está por lá.

– Que pessoa carinhosa é você, Natasha! Sinto tanto conforto com o que falou. Também nutro muita simpatia por você, pois na hora em que mais precisei senti seu interesse em me ajudar, sem nem me conhecer. Para mim está marcado. Onde podemos nos encontrar?

– Dê-me seu endereço que eu mesma vou buscá-la no dia da reunião, assim não tem erro.

Combinado dessa maneira e chegada a sexta-feira, no horário e local marcados, Natasha e Elvira se encontraram pessoalmente pela primeira vez. Foi pura afinidade.

– Olá, Natasha, muito prazer!

– Olá, Elvira, o prazer é meu! Nossa! Por sua voz achava que tinha mais idade. Você é tão jovem!

– Ah... obrigada, querida! Nem tão jovem assim – disse Elvira rindo. Mas que beleza, está grávida! De quantos meses?

– Sete. Falta pouco para o nascimento.

– Seu primeiro filho? Homem ou mulher?

– Sim, é meu primeiro filho e é um menino. Ele vai se chamar Rubens.

– Adoro esse nome. Tenho familiares com esse nome, pessoas muito queridas. É o mesmo nome do pai?

– Não, Elvira. Digamos que ele não tem pai, a não ser o senhor Ricardo que adotou nós dois.

– Ah, sim. Já entendi!

– É uma longa história de encontros e desencontros, mágoas e perdão, prisão e libertação.

– Compreendo. Também tenho minhas longas histórias – e deram boas risadas.

As duas chegaram à tenda umbandista e encontraram o ambiente lotado, pois os trabalhos de gira de exu, que se realizavam mensalmente, eram muito aguardados pelos frequentadores. Natasha entrou com Elvira pelas dependências usadas pelos trabalhadores (do contrário, nem conseguiriam entrar na tenda). A casa estava cheia e não era à toa: o povo adora conversar com exu, pedir conselhos, orientações e ajuda.

Os casos mais complexos eram atendidos por seu Zé Pelintra que, incorporado em Pai Jeremias, distribuía bênçãos generosas a todos.

Natasha não saía de perto de Elvira – mesmo cumprindo função de cambono[1] de alguns médiuns, permanecia atenta a ela.

Depois de algum tempo, Zé Pelintra chegou até onde estavam e, como de costume, surpreendeu a todos, dirigindo-se à Elvira:

– Eu a conheço, moça. Sou Zé Pelintra e quero falar de amor. E por isso, meu povo, *puxa essa curimba* e vamos soltar a voz:

---

1 "Cambono" é o auxiliar do Pai de Santo ou de algum médium.

Vi, eu vi de vermelho e branco descendo a ladeira,
Com ginga de malandro e mestre em capoeira,
Foi na roda de samba onde ele viveu,
Onde até hoje vive o Zé.

O Zé teve várias mulheres e muitos amigos,
Mas foi homem valente diante dos perigos,
Do corte da navalha a camisa de seda o livrou,
Mas foi pego pelas mandingas[2] do amor.

O Zé, o Zé, nunca vi um malandro
Ser enganado por uma mulher.

Depois do ponto cantado por todos, a vibração do terreiro subiu exponencialmente.

Zé Pelintra chegou para Elvira e disse:

– Mulher, você *tá* livre. Entendeu?

Elvira, muito sem jeito, respondeu:

– Livre?

– Sim, você *tá* livre, companheira. Livre para amar e ser amada. Cadê a coragem?

– Coragem para quê?

---

2 "Mandinga", no Brasil Colonial, era a designação de um grupo étnico de origem africana, praticantes do Islão, possuidor do hábito de carregar, pendurado junto ao peito, um cordão prendendo pequeno pedaço de couro com inscrições de trechos do Alcorão, que negros de outras etnias denominavam patuá. A bolsa de mandinga, como ficou conhecida, também era uma forma de exercer uma medicina mágica, com implicações corporais e espirituais. Um sentido mais atual para esse termo o liga ao surgimento das dificuldades que parecem provocadas por arte mágica, todas ligadas erroneamente aos despachos de terreiros.

E Zé Pelintra, em atitude muito comum, chegou ao pé do ouvido dela e disse baixinho:

– Tem uma estrada de amor aberta no seu astral. Acredite nisso e não tema.

– Tomara, tomara! – respondeu muito constrangida e, sem saber como reagir, olhava para Natasha como se pedisse orientação sobre o que fazer naquela hora.

Terminados os atendimentos, pudemos ver Zé Pelintra se afastando como um furacão no meio da multidão. Elvira tremia por dentro com a informação recebida, como se algo tivesse sido mexido nas entranhas de seus mais profundos sentimentos. Esse impacto emocional era causado pelas habilidades dos exus.

Assim que terminou a sessão, Natasha foi levá-la para casa e perguntou:

– Elvira, está tudo bem? Você parece fora de si desde o contato com Zé Pelintra.

– É bem assim que estou me sentindo. Parece que sou outra, mas não sei explicar o que me acontece. Minhas pernas estão tremendo até agora, eu me sinto como se algo muito forte fosse mexido na minha intimidade, mas não consigo descrever o que houve, o que sinto nem como estou. É como se eu não fosse eu.

– Ah! Eu conheço bem esse percurso espiritual...

– Então me explique, porque eu estou toda mexida por dentro desde que Zé Pelintra cantou, parece que perdi uma Elvira e outra está em mim.

– É desse jeito mesmo, minha amiga. Os exus têm uma capacidade de mexer com os corpos sutis das pessoas e balançam todas as estruturas, mas sem causar nenhum dano, antes pelo contrário. Nada vai ficar do mesmo jeito a partir de hoje.

– Meu Deus! Eu estou assim, mas nunca me senti tão bem, tão confiante, você entende?

– Claro que sim. Já passei por essa situação. Você vai ver amanhã ao acordar. Não vai se reconhecer.

– Parece até que tomei um remédio sedativo ou algo assim.

– Os exus são capazes de abrir caminhos que desconhecemos, são hábeis manipuladores de energias astrais que mal sabemos a função. Aprendi com o pai que me adotou, o senhor Ricardo, que eles, por assim dizer, carregam nossa ficha cármica, são profundos e sensíveis conhecedores dos nossos projetos de reencarnação.

Seja o que for que seu Zé lhe disse ao pé do ouvido, leve muito a sério. Quando ele faz isso é porque há algo que é só seu, da sua vida, que merece ser dito. É como se a boca dele se transformasse em transmissor de um recado do universo, cumprindo ordens do Mais Alto.

– Nem sei como explicar o que se passa em minha alma. Não consigo deixar de pensar no que ele me disse; no entanto, do fundo do meu coração, confesso que não tenho muita vontade de refletir sobre o assunto agora. Desejo apenas continuar sentindo as energias que recebi. Nunca acreditei tanto em uma revelação, nem tive uma experiência como essa...

– Eles sabem ativar a fé, eis uma de suas habilidades mais comuns. São portadores de um profundo saber emocional, capazes de tirar as coisas da nossa cabeça e deixar o coração falar. Penetram com rara facilidade no corpo perispiritual e fazem verdadeira alquimia com a matéria mental depositada nesse corpo sutil.

– Meu Deus, mesmo com tanto conhecimento das obras doutrinárias, nunca imaginei coisas assim, nem saberia explicá-las com base na Doutrina Espírita.

– Na Umbanda, querida amiga, você vai conhecer de perto o que é o Espiritismo prático e a mediunidade livre, responsável e fenomênica. O Espiritismo, abençoada doutrina de luz, ainda não tem explicação para tudo. Nenhuma doutrina tem. O maior mérito do Espiritismo foi dissecar com detalhes a morte, a continuidade da vida, mostrando os efeitos de nossas ações no além e viabilizando o contato entre os dois planos da vida. No entanto, isso é apenas a porta de entrada de um universo desconhecido que vamos, pouco a pouco, descobrir e explorar.

– Estou percebendo. Sequer me preocupei com meus preconceitos. Inclusive, vi gente conhecida lá na tenda, que me olhou de rabo de olho, por saber que fui presidente de federação.

– E como se sentiu?

– Nem liguei. Não me atingiu. Estou surpresa comigo mesma.

– Que bom que se sente assim.

Depois de longa conversa no trajeto, feito mais devagar, Natasha deixou Elvira em casa. Aquela noite foi intensa para ela. Experiências espirituais profundas foram ativadas em sua alma pelo exu Zé Pelintra.

Naquela noite, ela se desdobrou durante o sono. Fora da matéria, Maria Mulambo a aguardava, trajando uma saia rodada de cigana, na cor vermelha, estampada com azul e branco e blusa muito justa. Usava brincos enormes. Seus verdes e magnéticos olhos se destacavam e formavam, no conjunto de seu rosto, uma beleza incomparável. Logo que Elvira saiu do corpo, ainda no ambiente astral de seu lar, ela disse:

– *Tá* igual menina né, moça?

– Quem é você?

– Não me reconhece mesmo?

– Maria... Mulambo? - falou reticente.

– Às suas ordens, *sá* moça.

– Que linda você é! Jamais imaginei que um exu fosse assim!

– Pensava que tinha chifres, né?

– Coisa pior ainda. Pensava que era um ser disforme.

– Sirvo até para ser atriz de tão bela - e deu uma gargalhada.

– Você nunca apareceu para mim.

– Tudo tem seu dia, ou sua noite. Hoje vim libertá-la de vez. Tenho a alforria para você, autorizada por Bezerra de Menezes e a mando de Tranca Ruas. Chegue mais perto, venha.

Elvira se aproximou, receosa, e a pombagira espalmou a mão direita sobre o coração dela. Logo, pequenas imagens, como em três dimensões, começaram a se mover sobre a mão de Maria Mulambo. Qualquer pessoa fora do corpo poderia ver, a olho nu, cenas onde vários homens e mulheres, vestidos à moda egípcia, se movimentavam. Como se fosse uma projeção holográfica, as imagens ganhavam cor, voz e movimento entre as duas. Na medida em que Maria Mulambo intensificava seu poder mental, as imagens, subiam como bolhas que estouravam a certa altura da cabeça de Elvira, a qual, diante do acontecido, tinha sua respiração intensificada.

Ela sentia um misto de susto e libertação ao ver aqueles registros se desfazendo, ao mesmo tempo em que sentia o processo como um parto doloroso de velhas recordações que a aprisionavam ao passado. Com menos de dois minutos completou-se o procedimento. Elvira mostrava-se atônita, sem saber o que dizer ao ver tantas imagens vivas que ela, sem saber como, identificava.

– Você agora está livre e com a estrada astral do amor aberta. Como lhe disse seu Zé: vá e viva seu presente. Assuma seu destino. Não me pergunte nada e volte ao corpo agora.

Obedecendo imediatamente, o perispírito de Elvira se acomodou ao corpo físico e ela teve uma noite suave e renovadora. Acordou com a nítida sensação de que algo muito bom a aguardava nos caminhos da vida. Não sabia explicar essa sensação e recordava parcialmente o sonho. Logo cedo, diante do bem-estar e querendo compartilhar com alguém tudo o que aconteceu, a única pessoa que lhe vinha à mente era Natasha. Assim que pôde, ligou para ela:

– Bom dia, Natasha!

– Bom dia, Elvira! Como vai?

– Nem te conto. Nunca me senti tão bem e ainda sonhei com Maria Mulambo me falando a mesma coisa que o Zé Pelintra.

– Que maravilha! Vejo que está mesmo sendo conduzida a caminhos novos.

– Natasha, eu queria lhe fazer algumas perguntas sobre a Umbanda e pensei em tomarmos um café juntas. O que você acha?

– Excelente ideia, seria um ótimo programa. Tenho estado muito sozinha em todo esse tempo. Apesar da presença e do amor constantes de dona Helena e do senhor Ricardo, sinto falta de ter com quem compartilhar meus pensamentos, sentimentos e anseios. Pode ser hoje à tarde?

– Claro, está combinado. Hoje à tarde, naquela casa de chá ao lado do shopping, às dezesseis horas.

– Vou levar algo que acredito ser muito bom para seu futuro.

– Um livro?

– Surpresa!

– Adoro surpresas.

No horário marcado, as duas se encontraram pontualmente na casa de chá. Elvira parecia uma adolescente. Ao se encontrarem, ambas manifestaram a alegria que sentiam por estarem uma na companhia da outra. Depois de conversarem um pouco sobre trivialidades, Elvira se permitiu abrir seu coração:

– Que engraçado, Natasha, nem sei como lhe dizer...

– Dizer o quê?

– Eu estou igual a uma adolescente com esse nosso encontro, mas é bobagem da minha cabeça, uma viagem dos pensamentos.

– Ah, não! Agora diga, o que é?

– Sei lá, eu disse a você que queria lhe fazer algumas perguntas, mas, na verdade, nem sei o que falar.

– Então não diga nada - disse Natasha, soltando gostosa risada.

– Na verdade, eu vou dizer sim. Eu queria mesmo era ver você. Sua companhia me faz muito bem, ao seu lado sinto que posso ser eu mesma, sem guardar segredos.

– Pois é, muito engraçado isso. Eu também me sinto muito bem ao seu lado. Sua presença despertou uma energia muito boa em mim. Por isso mesmo resolvi trazer este presente, o qual lhe entrego com muita alegria.

Assim dizendo, entregou uma pequena caixa a Elvira que, ao ver o conteúdo, teve uma taquicardia.

– Eu não acredito! - disse emocionada.

– O que foi, Elvira? - perguntou Natasha preocupada.

– Veja só que coincidência. Eu também lhe trouxe um presente.

E Natasha, ao abrir a caixa, encheu os olhos de lágrimas e disse:

– Eu também não acredito!

Ambas trouxeram de presente, uma para a outra, o lenço dourado dado por Maria Mulambo. Ao olharem os presentes, trocaram um olhar e se deram as mãos. Natasha, que se via tocada ao extremo por aquele momento e já detinha maior experiência espiritual, falou:

– Por que será?

Elvira apenas balançou a cabeça afirmativamente, deixando cair lágrimas que secava com o próprio lenço dourado. Ali nascia um novo destino para ambas. Estavam unidas pela Bondade Divina que nunca desampara seus filhos em tempo algum e sempre toma conta das necessidades de todos nós diante dos destinos insondáveis da evolução.

Maria Mulambo se emocionava no astral. Não somente pelo reencontro das duas, sua alegria residia, sobretudo, no fato de que o filho de Natasha era seu pai querido que estava reencarnando, aquele que a ensinou desde criança a usar o lenço dourado para evitar as visões que tinha quando criança.

Os destinos foram cruzados pela Lei da Afinidade e da Conexão da Alma, acrescidos pelo sopro generoso e determinante dos exus, executores do carma diante da vida.

# 100 ENSINOS DE EXUS QUE TRABALHAM COMO EMBAIXADORES DO CARMA

**1.** Amai o próximo. Inclusive os exus. - José Grosso.[1]

**2.** Sou Maria Padilha, só meto a mão em cumbuca que Deus permite. Não faço treta, nem rolo brega, sou mensageira de carmas do amor, mas não sou costureira de interesses nem faxineira de manias. - Maria Padilha, servindo ao mensageiro do amor Exu Caveira.

**3.** As pessoas que chamam exu de diabo não sabem mesmo o que falam. Exu é uma rosa perfumada perto da cobra venenosa que é o diabo em forma de gente. - Exu Marabô.

**4.** Má intenção, desejo de vingança e inveja são sentimentos que funcionam como um ímã, atraindo a pior espécie de companhias espirituais que vão consumir suas energias, adoecer seu corpo e fazer sua vida virar um inferno. - Maria Mulambo.

**5.** Uma pombagira verdadeira vitaliza no coração do ser humano a vontade de amar, de ser afetivo e de usar sua energia de vida para realizar e viver o bem. Pombagiras são as rainhas dos sentimentos. - Maria Quitéria.

---

1 José da Silva nasceu próximo a Crato-CE em 1896. Na década de 1930, integrou por um tempo o bando de Lampião. Desencarnou em 1936. Suas primeiras comunicações mediúnicas aconteceram no ano de 1949, por meio da mediunidade de Peixotinho. Desde então, "José Grosso" vem cooperando nos trabalhos de auxílio junto a operosos núcleos do movimento espírita.

**6.** Quando se descobre a força de exu, do que ele é capaz e o que representa na hierarquia espiritual, vai-se querer andar de braços dados com ele. Parece exagero, mas ter a mão de exu na sua vida é caminho aberto. Sem exu ninguém anda para frente. - José Grosso.

**7.** Já viu exu chorar? Não. Somos alegria, magos que fazem confete com a tristeza e banda de música com a solidão. Magia é isso: conhecer a força interna e, com a varinha do desejo, secar lágrimas e abrir sorrisos. - Exu Marabô.

**8.** Aquilo que é seu ninguém tira; no entanto, isso não quer dizer que você tenha que descuidar. Aquilo que é seu um dia vai encontrá-lo, mas isso não significa que tenha de esperar sentado. - José Grosso.

**9.** Os quiumbas - espíritos que usam o nome dos exus -, quando encravados na vida de algumas pessoas, são "craquentos"; contudo, um dia serão luz no caminho do bem. São também filhos de Deus. Eles não são confiáveis, isso é verdade. Mas pior é a maldade das pessoas encarnadas que os alimentam com ilusões de prazer e ideias fracas de moral. Esse infeliz de hoje pode ser um espelho do seu próprio passado. Você também foi quiumba um dia, seu metido. - Zé Pelintra.

**10.** O preconceito e a ignorância são mesmo fortes barreiras erguidas para tornar a vida mais pobre e infeliz. Se você descobrir o que significa amar um exu e que ele também ama, pode mudar o rumo de sua reencarnação. - Exu Marabô.

**11.** Alguns adultos parecem crianças quando querem um brinquedo. Jogam com a vida dos outros, querendo que exu faça isso ou aquilo. Não tem nada a ver. - Exu Tranca Rua.

**12.** Você que rala e faz o melhor que pode, nas lutas da provação, não se esqueça dessa verdade: sua garra e conduta no bem são sua força de proteção. - José Grosso.

**13.** A extraordinária habilidade dos exus para vitalizar o ser humano no bem é a arte de esgotar os cárceres emocionais da tristeza, da culpa e da mágoa. Muito além de magos das energias, são educadores da alma, capacitados para apontar as saídas para cada uma dessas prisões. Com exu não tem tristeza que resista, não há culpa que aprisione nem mágoa que derrube. Exu é fonte de saúde. - Exu Caveira.

**14.** Quando ora, encharcado de dó da pessoa para quem se destina sua prece, você só piora o estado dessa criatura. Ore emitindo toda a sua força para despertar a energia, a competência e a capacidade dela para suportar e vencer as dores e provas que a machucam. Ore dizendo que você acredita na luz que está dentro desta pessoa. Isso tem muito mais poder. - José Grosso.

**15.** O senhor acha que sal grosso vai resolver meu problema de cansaço, seu Zé? Não, não vai. Se você tirar o sal da comida e aproveitar para emagrecer uns vinte quilos, seu cansaço vai desaparecer. - Zé Pelintra.

**16.** A ordem por aqui, nas regiões astrais mais próximas da crosta terrena, é tomar providências para que cada desencarnado, mesmo que mereça atolar-se nos abismos, seja poupado de semelhante martírio, e que se faça de tudo para que não seja mais um no censo das lides infernais. Pasmem! Por conta de tais providências já conseguimos evitar que suicidas, criminosos e diversos enfermos morais não sejam mais um peso na estrutura psíquica do planeta, direcionando-os a outros destinos que a justiça lhes imputa. - Exu Caveira.

**17.** Gargalhada de pombagira espalha uma rajada de longo alcance e é um timbre de assepsia nas energias que podem atacar o afeto. Limpa a poeira da solidão, destrói vampiros de sedução. Viva essa moça bonita, que tem sorriso de desmanche! - Zé Pelintra.

**18.** Exu vai mesmo a lugares muito sombrios nas dimensões astrais, mas o lugar mais tenebroso que entramos é no inconsciente das pessoas. Lá existem causas, explicações e soluções para qualquer dor humana. - Exu Marabô.

**19.** Sim, existem organizações trevosas especializadas em genética, e para alargar os horizontes fiquem sabendo que já existem agências de tráfico de reencarnações. Ainda outro dia, desmontamos uma delas, depois de anos de trabalho. Se tivesse mais gente corajosa no plano físico para realizar atividades junto a nós, poderíamos fazer esse trabalho um pouco mais rápido. - Exu Tiriri.

**20.** Pombagira não deveria ser chamada para amarrar amores. Quem a conhece sabe que a força dessa entidade oferece, em essência, bastante coragem e autoestima para construir por si mesmo seu destino de felicidade no amor. - Maria Mulambo.

**21.** Pombagira não brinca em serviço. Ela é força de mãe brava, vara de sapê e coro nas pernas de gente safada. Desmantela pedófilos que se escondem nos buracos e maus caracteres que só pensam em pegação. Tem dúvidas onde há a luz do amor? Chame Maria Padilha, eu atendo, em nome de Nosso Senhor. - Maria Padilha.

**22.** Esse negócio de postar o aviso "Quem não gosta de mim tenha cuidado com meu exu " é apenas mais uma das muitas fantasias do sombrio dos humanos que acreditam que ele é um escravo de seus impulsos de poder e egoísmo. Quem faz isso não é assistido por um exu e sim por um quiumba que se passa por ele e vai acabar com sua vida. Exu não vinga, ama. - José Grosso.

**23.** Você está achando que é pesadelo, minha amiga? Não é não. É o resultado das suas ações de ganância, mentira e inveja durante o dia que a levam para os piores lugares durante o sono. Carência mata. Toma juízo, mulher! - Maria Mulambo.

**24.** Magia negra para desmanchar casamentos é uma nuvem brava que você coloca sobre sua própria cabeça, que pode até criar uma devastadora tempestade na vida alheia, mas que, acima de tudo, será um dilúvio de dor em sua própria vida. - Maria Quitéria.

**25.** Há quem peça ajuda e solução nas casas de oração, como se fosse uma vítima da vida ou alguém sem sorte e solução. Ao saber sobre a conduta dessa pessoa, você se surpreende com o fato de alguém conseguir carregar tanta inveja, ódio e desejos de vingança em seu coração. O amor nunca exclui a lei que declara que cada pessoa passa ou possui somente o que merece. Recomende-lhes mudança e verá a reação. - Exu Marabô.

**26.** Fiquei sabendo do ataque que, naquelas circunstâncias, era previsível. Tentamos tudo o que foi possível para evitar, mas em vão. Briga, rivalidade, inveja, mentirada e o centro espírita fechou as portas, e ainda disseram que foi obra de obsessão. Criem juízo, minha gente, e se olhem no espelho. Dentro de muitas bocas dorme a língua do demônio, a danada da perdição. - José Grosso.

**27.** Uma definição para malandro? Tenho sim. Aquele que sabe driblar as ciladas da vida, que aprendeu a escapar dos tombos quase inevitáveis e prevenir como não cair nos buracos dos problemas. Esse é o bom malandro. - Zé Pelintra.

**28.** Sou da noite, eu me escondo nas sombras. Vigio encruzas e solto os caminhos travados. Sou exu de proteção, vibração de Ogum. Faço bem feito o que me pedem, mas tomem cuidado com seus pedidos. Todo bem que pedir é caminho de redenção, bem como todo mal que desejar vai e volta em punição. - Exu Tranca Ruas.

**29.** Sabe aquela coisa ruim que você deseja, para que alguém caia em maldição? É como uma semente do mal que você planta em seu próprio coração. - José Grosso.

**30.** Centros espíritas ou umbandistas não são agências de favores espirituais. Muitos pedem; todavia, poucos merecem. Tirar o peso das costas de algumas pessoas significa lhes dar mais energias para fazerem maiores bobagens em suas caminhadas. O sofrimento lhes cai muito bem como limites, até que aprendam a ser mais honestos, humildes e a terem coragem para assumir seus erros. - Exu Marabô.

**31.** Não perca sua esperança de viver porque acima da tormenta e do escândalo existe um abrigo seguro, uma esfera de paz e solução. Se você deseja mesmo esse lugar, comece a construir a quietude no reino do coração. - José Grosso.

**32.** Maria Mulambo, poderosa energia do bem que, quando você pede a Deus, é ela que responde. Quando você pede a Santo Antônio, são as pombagiras de sua falange que se movem. Força, garra, equilíbrio do feminino na alma. Maria Mulambo é arrumadeira das relações de amor.

Quando o casamento vai mal, quando a vida afetiva está amarrada, é ela que faz o trabalho.

Mas cuidado! Ela é verdadeira, justa e muito forte. Mentira, inveja, enganação e traição não são a praia dela. Ela sabe quem merece e quem não faz por merecer. Com ela não tem enganação. Independentemente disso, peça a ela para soltá-la e ajudá-la a achar seus caminhos para desenvolver sua sensibilidade, sua parte mulher e mais nobre. Mesmo que você seja homem, peça para ser mais feminino, mais gentil, mais amável.

Peça a ela amor a si mesmo, que ela responde. - Exu Tranca Ruas.

**33.** Para quem acha que caridade ainda é uma palavra atual, fique sabendo que aqui no mundo dos espíritos ela já foi substituída, há um bom tempo, por benevolência, que é a habilidade de descobrir qual é o bem do qual verdadeiramente seu próximo mais necessita e não o bem que você quer fazer a ele. - José Grosso.

**34.** Quando você rejeita o diferente, seu feminino está submerso, adormecido. Quando você aceita, ele acorda e se expressa. Aceitar é acolher nos braços, aconchegar ao peito, respeitar no coração. Quem aceita entende e produz amor na sua alma. Aceitação é fonte de quietude e a quietude é defesa energética de alta potência. Seu feminino é a maior fonte da magia de proteção da vida, seja você homem ou mulher. - Maria Mulambo.

**35.** A arte de cuidar de sua vida pessoal e não carregar em si o que pertence aos outros é um segredo de proteção energética e espiritual fundamental, capaz de livrar você das mais sombrias perturbações dos dias atuais. O nome disso é respeito, o maior alinhador de corpos sutis que se conhece na humanidade astral. - Exu Caveira.

**36.** Se alguém quer um pouco de paz, se deseja um cantinho na intimidade de sua alma para refazer e meditar, se anseia resguardar-se da loucura que tem se tornado essa vida, comece a pensar seriamente em direcionar todos os seus esforços e estudos para entender como conquistar a quietude mental. - José Grosso.

**37.** A insônia tem muitas causas e uma delas é o desalinhamento do corpo mental inferior. Por que isso acontece? Por vários motivos também, e um dos mais frequentes é focar o centro dos interesses e da motivação mental em algo ou alguém com excessiva intensidade. Isso chega a tal ponto que o corpo mental se desacopla, projeta-se em direção a esse algo ou alguém e deflagra um crescente nível de ansiedade, capaz de perturbar o sono e trazer outras consequências. - Exu Caveira.

**38.** Você que está com a vida travada e não sabe por onde começar a libertá-la, saiba que uma das primeiras magias a ser considerada é trazer de volta e acoplar bem seu corpo mental inferior na órbita dimensional do seu perispírito. Tudo anda quando se organiza o eixo dos corpos sutis. Sem isso, tudo se torna algemas, dor e possessão. - Exu Caveira.

**39.** Para você que está querendo trocar a vida daí por uma do lado de cá, arruinando seu próprio corpo com suicídio, fique sabendo que a vida que o aguarda aqui não será nada fácil. Na verdade, vai ser muito pior do que a que já tem aí. Quer uma sugestão? Não existem caminhos que não possam ser abertos, desde que você decida lutar por sua própria vida. Aja, que nós já estamos agindo juntos. - José Grosso.

**40.** Limpar uma casa das inhacas etéricas é algo fácil quando realizado com amor, como fazemos. Duro é ver as mentes de seus moradores borrando tudo de novo sem qualquer consideração e transformando seu próprio lar em um vaso sanitário. - Exu Tranca Ruas.

**41.** Se alguém descobre a força de Oxóssi e aprende como usá-la, poderá segurar uma erva em uma mão e secar uma ferida com a outra. - Magíster Pena Branca.

**42.** Com um mapa de seu genoma em nossas mãos, podemos fazer mutações em seu corpo espiritual a tal ponto que até mesmo as mais sórdidas doenças podem se transformar em núcleos ativos de saúde e bem-estar. Ser agente do carma é isso, ter sabedoria e ciência para distinguir quando será necessária a intercessão para a reorganização cármica ou quando sua mente terá capacidade de se transformar por conta própria. - Exu Caveira.

**43.** Não consigo esquecer uma pessoa que amei. O que eu faço, seu Zé? Minha filha, perdoa. Quem está preso no passado com lembranças que travam a vida, que fique ciente disso: a energia que prende é qualquer coisa menos amor, e é corrente que prende forte na dor. - Zé Pelintra.
**44.** Coloque em sua mente: existem pessoas mais e menos maduras, mais e menos experientes; mas afora isso, todos nós estamos apenas iniciando a caminhada nos assuntos espirituais. Ninguém está completamente pronto nem detém o poder da verdade por completo. Evite idolatria, paparicação e puxa-saquismo e substitua isso apenas por respeito. - José Grosso.

**45.** Pediu para doutor Bezerra, quem atendeu foi exu. Meu Deus, que mundo é esse onde se pede ao santo e quem responde é o diabo? Entretanto, o diabo existe no seu conceito, porque sou homem do bem e faço tudo direito. Não se incomode com meu nome, sou mensageiro da luz e sou também seu irmão, um servidor de Jesus em outra dimensão. - Exu Tranca Ruas.

**46.** Disseram para ela que se casaria com um médico e seria feliz. Que conversa fiada! Já está com quarenta anos e já foi paquerada pelo encanador, pelo porteiro, pelo açougueiro e pelo pintor; no entanto, ela continua esperando o doutor. Cuidado, minha filha, que desse jeito o único médico que você vai arrumar é alguém para tratar da sua cabeça-dura. - Maria Mulambo.

**47.** Aqui, no mundo dos "mortos", as vezes que você esteve no centro espírita ou as tarefas a que se devotou não poderão fazer toda diferença. Aqui, o que vale mesmo é a legítima bondade que empregou com qualquer um e o que ela trouxe de útil para dentro do seu coração, ao realizar toda essa rezação. - José Grosso.

**48.** Protejo seu filho, protejo sim, minha senhora, mas fique sabendo que com filho mimado, o trabalho é dobrado. Eu dou a proteção e a senhora dá a educação. Combinado? - Exu Marabô.

**49.** Preciso de um emprego, seu Zé, e emprego que pague bem. O senhor me arruma? Claro que arrumo, meu filho, desde que você me prove que quer trabalhar e tem competência porque tem muita gente querendo vida boa, mas que não move um palito. Basta agir! - Zé Pelintra.

**50.** Uma conversa com um exu de verdade pode mudar sua vida. Somos operadores do carma, executores preparados para atuar em sua ficha reencarnatória e na estrutura de seu perispírito. Tudo depende da justiça, da necessidade e da conexão da pessoa com o bem ou com o mal. Não somos quiumbas, os marginais do astral, somos operários da Lei Divina. Venha conhecer-nos de perto. - Exu Caveira.

**51.** Lá vem ela outra vez com a pergunta de sempre: vou arrumar alguém que me faça feliz no amor? Não tem jeito, vou ter que abrir o verbo: pare de ilusão, criança mimada, e aprenda que na vida só tem uma pessoa capaz de lhe fazer feliz: você mesma. - Maria Mulambo.

**52.** Cemitério é lugar sagrado e protegido. Tem um astral de paz, mas no Dia de Finados é tormenta da grossa. Tem até morto que é puxado de volta para sua tumba. No pé da lápide tem choradeira, revolta e lamentação. O povo vai rezar pros mortos e cria uma obsessão. - Exu Marabô.

**53.** Vai ser difícil para todos, mas aos que não romperem com seus preconceitos cristalizados sobre os princípios espirituais, tudo será muito pavoroso. Você quer se preparar melhor para o que vai acontecer no futuro da transição planetária? Comece jogando na lata de lixo todas as suas certezas sobre vida espiritual e se abra para reaprender tudo que aprendeu, sem se apegar a nada. - José Grosso.

**54.** Exu protege em cima, protege embaixo, à sua esquerda e à sua direita. Exu é muralha e campo de força para blindar seu astral. Na parte de fora, conte com ele. Só não peça para resolver o que está dentro, porque aí é coisa sua, é com você. - Exu Caveira.

**55.** Seu Zé, falaram que estou com obsessão, o que o senhor diz? Digo: meus parabéns! Obsessão é um recado da vida dizendo que você precisa urgentemente resolver algo muito importante dentro do seu próprio coração. Ame seu obsessor e convença-o com sua mudança. - Zé Pelintra.

**56.** Honrar pai e mãe não significa que você tem de dar conta de amá-los, o que seria muito bom para você. - Maria Mulambo.

**57.** Você quer se libertar de suas dores na vida? Mude suas emoções, mas abra seu olho, pois tem muita gente com uma tranqueira do capeta enfiada no corpo astral que pode impedir essa mudança. Caso a tranqueira seja sua, limpe esses lixos eletrônicos. Existem os chips sombrios de bloqueio emocional, se não tirar isso fica difícil mudar qualquer coisa. Não sabe como fazer isso? Procure-me, compadre. - Exu Marabô.

**58.** Disseram para mim que está cheio de obsessor no meu lar, é verdade? Sim, é verdade. O que fazemos para tirá-los? Lembrem-se da oração, diminuam o som alto das músicas, falem mais baixo, comam menos, durmam mais cedo, tirem as TVs dos quartos, alimentem-se juntos na mesma mesa, paguem as contas em dia, tratem bem seus vizinhos. Enfim, tenham educação. Tá bom ou quer mais? - José Grosso.

**59.** Ter pudor no corpo não indica, necessariamente, que você seja protegida da maldade alheia. Há quem se vista dos pés à cabeça e tem uma devassa dentro de si. Isso deixa a porta aberta a toda ruindade. - Maria Quitéria.

**60.** André Luiz estava certinho, o povo é que resolveu usar a frase dele com uma conotação que nem sempre é tão útil e educativa. Toda vez que vejo nos centros a frase dele escrita bem grande "O silêncio é uma prece", logo vem na minha cabeça: conversar é uma oração, a alegria é uma solução. Os salões dos centros espíritas deveriam ter mais músicas, cantos, alegria e integração. Mas, com todo respeito, ainda tem muita gente que prefere o clima de silêncio – e a energia – que lembra mais um cemitério. - José Grosso.

**61.** Pediram benzeção e limpeza das más energias em casa, alegando trabalho feito para ruína e amarração. Deixamos tudo nos trinques, casa limpa e defumação. Durou somente até quarta-feira, porque de quinta a domingo é bebedeira e gritaria, briga e fornicação. Os obsessores são eles mesmos com seu modo fanfarrão. - Zé Pelintra.

**62.** Desde criança ela já era muito ambiciosa. Queria tudo que não podia e se deu mal com suas contas. Pedia amparo e prometia mundos e fundos se ganhasse na Megassena. Vê se eu vou acreditar numa mentira dessas. - José Grosso.

**63.** Reza de dia, reza de noite, que menino bom esse João! Tem sempre o bem no seu caminho e tenho gosto de ser seu protetor, pois é desses que vale a pena ser um anjo guardião. - Zé Pelintra.

**64.** Rezo o terço todas as sextas-feiras em minha casa, por que tanta doença no lar? É sua língua, dona fulana, que ora para Deus no altar e fala mal dos outros em qualquer lugar. - Maria Padilha.

**65.** Tarefa espírita é uma bênção! Mas daí a se achar o top das galáxias em espiritualidade é uma obsessão do orgulho. - José Grosso.

**66.** Limpo trilhos, sim, senhor. Passa o trem, passa a boiada, trabalho tirando todas as pedras do caminho. Há quem peça, em oração, para os anjos de plantão, mas sou eu que atendo quando tem muita confusão. - Exu Limpa-Trilhos.[2]

**67.** Há quem peça a Deus para arruinar com a vida de outrem. É incrível como tem gente que acha que Deus é seu empregado e capaz de realizar maldades. Mal sabem que

---

2 O "Exu Limpa-Trilhos" trabalha nas vias de trem abrindo os caminhos, pertence ao povo da Encruzilhada de Trilhos e seu chefe direto é o Exu Marabô.

com essa atitude constroem contra si mesmos uma teia energética que os aprisiona na aura da arrogância e da pretensão e que os leva ao caminho de uma vida de dores. - Maria Mulambo.

**68.** É um gesto de coragem romper com gente arrogante. Se deixar, eles escravizam até morrer. Tenho muitos na minha tenda querendo me ensinar a jogar cartas e ler a sorte. Já tentaram me comprar e não aprenderam nem como andar depois de mortos. - Cigana Rosalinda.

**69.** Pede nossa proteção e pendura tercinho no retrovisor, mas depois que dá a partida parece um motorista com pé de chumbo e com cara de obsessor. - José Grosso.

**70.** Pra nóis não importa se é home ou *muié*, se é certinho ou *vacilão*. Se é de coração bom, a *orde* que *nóis* tem é *protegê* e não *deixá* nada de ruim acontecer, mas *ocês pudia* ao menos pensar em *nóis*. Isso facilita a ajuda. - Exu Tiriri.

**71.** Tem madame pedindo para eu fazer mandinga para prender o marido diante das desmioladas. Minha fia, perdoe a língua que não quer calar: vai pro salão, minha querida, e faz ao menos a sobrancelha. Deus que me livre! - Maria Mulambo.

**72.** Já ajudei um doutor, desses que tem a Bíblia na língua. Sabia tanto de Deus que nem sabia quem era ele próprio. - Zé Pelintra.

**73.** O centro espírita, na sua parte astral, enfrenta um verdadeiro campo de guerra e ataques contínuos. Quem está no mundo físico, usufruindo daquele ambiente gostoso, não imagina as cenas de hostilidade e luta que os soldados Guardiões e Exus enfrentam para proteger o ambiente. Se não fossem eles, não existiria mais na Terra nenhum centro espírita. De fato, apesar de ser conduzido por pessoas falíveis e doentes, o centro espírita, por misericórdia e proteção do além, é uma das maravilhas espirituais mais consideráveis que o Espiritismo implantou na humanidade, sob guarda constante dos Exus. E ainda tem quem fale mal deles. - José Grosso.

**74.** Posso proteger contra a leviandade e o mau caráter; todavia, preciso de um fio de ligação no seu próprio coração que se chama respeito pela vida alheia. - Maria Quitéria.

**75.** Tá magoado e morto de inveja da outra e pensa que vai resolver isso fazendo uma mandinga. Criatura, abre seu olho, matar galinha na esquina para ver a infelicidade do próximo é enfiar a vara em caixa de marimbondo, é preparar sua própria vida para um carma de doer, pois vai tomar muita ferroada. Tudo o que pode prejudicar o próximo é pancada brava em você mesmo. - Maria Mulambo.

**76.** Aquela paz que você sente no centro espírita não lhe pertence. É emprestada para que sinta motivação de buscá-la por esforço de renovação e a tenha como conquista pessoal definitiva. Como conquistar essa paz? Enfrentando tudo que no seu mundo íntimo tira seu sossego, em todos os relacionamentos e acontecimentos. - José Grosso.

**77.** Está achando estranho eu dizer que fazemos o que vocês pedem? Não há por que. Quem vai colher o fruto do mal feito que você fizer não sou eu. Peça e eu faço. Só sofrendo o efeito da escolha mal feita é que muita gente aprende que não vale a pena fazer o mal. Nós, os Exus, temos plena confiança de que tacando muita pedra em seus caminhos vocês vão aprender, já que são fortes o bastante para desejarem o mal. Assim, serão mais fortes quando criarem o bem. - Exu Marabô.

**78.** Já tirei gente apodrecendo no túmulo. Os milhões em dinheiro que tinham no banco de nada serviram. Ouvi uma oração e fui ver de onde vinha. Era o zelador do prédio do ricaço que, chocado com sua morte, pediu a Maria de Nazaré que o perdoasse por atirar na própria cabeça. - Zé Pelintra.

**79.** A criatura está cheia de rolos afetivos e fica me perguntando por que não tem sorte e qual o motivo para tudo sair errado em sua vida. Cria vergonha na cara e deixa a ficha cair, meu compadre: a vida não gira em torno de você. - Maria Mulambo.

**80.** Sou pombagira, sou amante. Amante do bem e da luz. Magia? Utilizo sim, usando a força que vem do meu coração, capaz de limpar correntes energéticas pegajosas que cheiram mal e queimam que nem pimenta, pois são efeitos da enfermidade de quem se atola na vulgaridade. - Maria Quitéria.

**81.** Coitado do Santo Antônio, que nunca para de ser chamado. Mas Bezerra de Menezes está além, é campeão das rogativas e é sempre evocado no trabalho do bem. - José Grosso.

**82.** Não existe sorte na vida passional. Se quer um conselho que pode livrá-lo de muitas ilusões é: edifica uma relação sem expectativas, com respeito e transparência. O mal que vier, mesmo nessas condições santificadas, será aprendizado ao seu caminho e fonte de mais crescimento à sua alma. - Maria Quitéria.

**83.** Seu Zé, não consigo viver sozinha, pois tenho o maior preconceito com mulher solteira. Acho que mulher que não casa não serve para outra coisa. O que eu faço? Quem lhe ensinou isso deve ser alguém tão infeliz quanto você. Seu mal foi confiar e acreditar nessa pessoa. Tá na hora de mudar seu entendimento. - Zé Pelintra.

**84.** Obsessor é um cara tinhoso. Em cachola que pensa no mal ele nada de braçada. Se você quer uma vida nova, alimente-se de boas ideias no bem e livre-se dessa cilada. - José Grosso.

**85.** Ela está sempre solteira e acendendo vela para mim. Minha filha, abre seu olho e além da vela acende sua mente para poder enxergar que a melhor companhia da vida é ter você mesma como sua melhor amiga. O resto vem depois. - Maria Mulambo.

**86.** Eu vi chover, eu vi relampear, mas mesmo assim o céu estava azul... Eu vi maldade, eu vi inveja no coração, mas com amor você atrai a proteção. - Cigana Rosalinda.

**87.** Acho que tem alguém fazendo mandinga (feitiço) para mim. O senhor pode me ajudar, seu Zé? Mandinga todo mundo faz, proteção todo mundo quer. Tá faltando é juízo na cachola para você entender que mandinga só entra em porta que fica aberta. - Zé Pelintra.

**88.** Uma pessoa que nada faz, nada quer e nada tem. Anjo da guarda para ele não faz plantão, porque senão acaba em depressão. - José Grosso.

**89.** Tem muito cabeça de vento por aí. Passa na igreja e conversa com Deus: "Senhor, quero uma mulher impossível, ela é casada, o que o Senhor pode fazer por mim?". Eu estava lá, ouvi e falei o que aqui não posso repetir. Pena que ele não escutou, ia perder o rumo de casa. - Zé Pelintra.

**90.** Dinheiro, bens e conforto, caminhos de apego e sofrimento depois da morte física. Nada disso, porém, se compara à dor do apego cruel que causa a fixação de quem parte em relação a quem fica e vice-versa. - Maria Mulambo.

**91.** Aquele homem tem olho de águia, não pode ver uma saia. Alguns maridos atravessados estão com ele e a qualquer hora ele vai se dar mal. Depois que arruma confusão vem falar que é obsessão. - José Grosso.

**92.** Ele me pede ajuda e está sempre na pindaíba. Reclama que não melhora de vida e sempre pede dinheiro emprestado para todo mundo. Segue um conselho, moço: aprende a fazer as contas e diga NÃO para esses que têm cara de coitado, adoram dar bolo na vida dos outros e gostam de ficar à toa. - Zé Pelintra.

**93.** Tem muita gente rezando pra mim, querendo que eu resolva problemas que competem a cada um resolver por si mesmo. Não sou Deus, sou exu. Protejo, sim, quem precisa e faço o que posso por quem faz por onde. Só não mimo quem tem de aprender a andar pelas próprias pernas. - Exu Marabô.

**94.** Não sei quem pôs na cabeça do mané que o mundo vai acabar. Ele agora sofre com o tempo. Quer fazer tudo o que não fez. Ultimamente está atormentado com a ideia de beber sem parar. Desse jeito nem fim do mundo ele vai ver. - José Grosso.

**95.** Tem quem afirme que casamento é loteria, é sorte. Toma jeito, criatura, cresça e amadureça! A felicidade é de quem assume suas escolhas. Ser feliz no casamento dá muito trabalho! Sorte é conceito sem fundamento de quem quer ter vida boa, mas só fica no lamento. - Maria Mulambo.

**96.** Você pode fazer o bem possível aos outros, mas se não for benevolente para com você mesmo, sua bússola afetiva, aqui no mundo dos espíritos, vai fazer confusão entre norte e sul e você não vai chegar ao porto seguro do autoamor. - José Grosso.

**97.** Simplesmente evitar certos comportamentos na vida física pensando em chegar bem ao mundo dos espíritos é como pegar um livro virando as páginas sem ler, querendo chegar ao final. Perde-se o contato com o principal conteúdo. - José Grosso.

**98.** Algumas pessoas são encantadas por obsessão. É obsessor pra cá, obsessor pra lá, e de tanto que falam neles, acabam tendo vários sócios nas lutas de cada dia! - Exu Tranca-Ruas.

**99.** Sem sombra de dúvidas, as organizações da maldade no astral fazem de tudo para sujar o nome do exu na Terra. Elas sabem do que somos capazes e querem afastar o povo da verdade sobre quem somos e qual é nossa missão no planeta. Assim, elas conseguem esconder os recursos de libertação e mantêm a escravidão. - Exu Caveira.

**100.** A boa intenção pode nos livrar, sim, do inferno exterior, daquelas regiões astrais infelizes, mas nem sempre é capaz de nos livrar do inferno consciencial no mundo dos espíritos. - José Grosso.

# ENTREVISTA COM EXU
## TRANCA RUAS DAS ALMAS

– Seu Tranca Ruas das Almas, é um prazer entrevistá-lo.

– Espero ter mais liberdade para falar o que quero e como quero. Na verdade, nem queria dar essa entrevista. Farei isso para o velho Bezerra. Eu vou me conter enquanto der conta.

Sou muito topetudo e não meço as palavras. Entendo que aqui a obra é mais importante que minhas opiniões. Vamos ao sacrifício!

**Como o senhor se sente sendo um espírito graduado dentro do Hospital Esperança?**
Do mesmo jeito, pois não mudou nada. Só vou arrumar mais problemas, porque aqui graduação é fonte de conflito e ataque.

**O senhor trabalha com Bezerra de Menezes. Como é essa relação?**
Amigável, *sô*! Somos dois velhos ranzinzas ou você acredita que ele seja só essa bondade que pregam por aí? (risos)

A diferença é que ele tem autoridade moral e eu sou intérprete da grandeza dele. E como todo intérprete, damos o tom da nota, conforme a música toca. Se é paz, tem paz. Se é guerra, tem guerra.

**O que o senhor pensa dos espíritas?**
Gente do bem que não me incomoda com o preconceito a nosso respeito. Há coisas nos espíritas mais graves que isso.

**Pode dar-nos um exemplo do que seria esse "mais grave"?**
Adoraria falar, mas deixa isso pra lá. Não é da minha conta e nem da sua. O caminho de todos está traçado e vamos colher o que merecemos e precisamos.

**Poderia contar-nos algo a respeito de algum pedido de Bezerra de Menezes para ajudar alguém?**

Uma vez fui chamado por Bezerra de Menezes em plena madrugada. Rumamos para um hospital no plano físico. A atendida estava nas últimas. Uma energia densa, ruim mesmo, que lhe causava muita dor, pois estava entupindo seus chacras. Chamei um de meus capangas e pedi que a aliviasse. Ele meteu a boca na barriga dela e com meio minuto de vampirismo tudo foi sugado e os chacras ficaram limpinhos. A mulher relaxou, conseguiu dormir e morreu. Ia morrer de qualquer jeito. Se não fosse isso, ficaria mais quinze dias naquele sofrimento até conseguir se desligar da matéria. Olhamos o capanga que parecia drogado com a ingestão daquela energia, olhos vermelhos, cambaleante. Se *inchou* todo e saiu, com cara de aborrecido e torrando um palavrão para os lixões da subcrosta onde deixaria todo aquele veneno.

Bezerra levou a mulher para onde merecia. Eu sei que vão perguntar: não poderia ele mesmo fazer isso? Resposta curta e grossa: nesse caso não. Ele já nos chamou também para fazer o contrário, dar mais tempo, alguns meses de vida. Cada caso tem sua demanda.

Somos os embaixadores do carma, mas não atuamos sem ordens maiores. Quem faz isso são os quiumbas de baixo nível e de moral suspeita.

**Eu fiquei muito impressionado em saber que Exu Caveira cuida do transporte de exilados. Pode contar-nos algo sobre isso?**

Um dos maiores capitães da magia que ainda mora na Atlântida astral responde pelo nome de Exu Caveira. O que poucos sabem é que essa cidade ainda existe no plano espiritual e pode ser visitada em desdobramento por alguns mortais.

A missão designada a espíritos como ele é chamada de *Sentinelas de exilados*, espíritos preparados para capturar o corpo mental inferior de representantes do mal, enquanto encarnados, e encaminhá-los, após a morte, para a deportação.

### O que é um espírito transgênico?
Espíritos que tiveram as células do perispírito adulteradas, modificadas em laboratório do astral inferior[1]. São espíritos que foram submetidos a experiências frustradas de mutação celular nos núcleos abismais e que não deram certo, que são soltos na natureza astral e usados por quiumbas para infernizar a vida alheia.

### O senhor trabalha também com esses espíritos?
Faço a captura deles e os levo para os laboratórios do astral superior para tratamento, bem como para impedir o mal que provocam na mão de gente sem juízo.

### Pode comentar algo a respeito de algum que tenha capturado?
Teve um que era muito estranho e bizarro. Ele foi capturado no astral das ruas do Rio de Janeiro. Tinha oito patas, andava para trás, sem pelo, cabeça ao lado do ânus, quando rosnava soltava uma fumaça pela boca, com cheiro de enxofre, e de seus olhos pingava um líquido verde que quando atingia o chão causava pequenas explosões. São agressivos e consumidores vorazes de fluido animal. O uivo dessa criatura era tão agudo que seria capaz de estourar um tímpano e encharcava o coração de tristeza. Esse, em especial, era usado para adoecer pessoas.

---

1 Esse processo não diz respeito às deformações perispirituais decorrentes da zoantropia.

### Será verdade que as pombagiras despertam desejos sexuais desvirtuados?

Não, isso é mentira. A verdadeira pombagira dá uma enorme vitalidade aos médiuns para uso no amor e não nos desvirtuamentos. Quem faz isso são mulheres viciadas em sexo atormentado, quiumbas, marginais das sombras. Gente sem juízo.

### Exus entram no centro espírita kardecista?

Não conheço uma única casa espírita com orientação kardequiana que não tenha assistência dos exus. O surgimento do Espiritismo e da Umbanda aqui no Brasil, no mesmo período de tempo, obedeceu a um Plano Divino.

Somente por fatores morais os homens separam essas doutrinas. Faz parte da caminhada dos espíritos ainda cheios de egoísmo, o que não poderia ser diferente, levando-se em conta a evolução humana. Sempre acolhemos essa loucura como carência espiritual.

### Qual sua visão sobre cantar pontos de Umbanda no centro espírita?

Delicado esse assunto, muito delicado. É essa distinção, acompanhada de muito entendimento e respeito, que deveria nortear as atividades dos grupos.

Os pontos são recursos da Umbanda e nenhum centro espírita deve se ver obrigado a aderir, caso os participantes não concordem. Os umbandistas e os espíritas, com mente mais aberta, reconhecem o valor dos pontos, sabem como eles são úteis e como usá-los com eficácia. No entanto, os contextos precisam ser avaliados. Essa quebra de barreiras entre duas filosofias só pode ser consagrada e construída com entendimento amplo e profundo de cada ação e diálogo. Impor algo aos irmãos do centro espírita é tão nocivo quanto o preconceito que os espíritas têm com os rituais.

Desconsiderar que existem contextos diversos e que a mente humana está atolada em vícios conceituais é uma ingenuidade pela qual podemos pagar caro nas relações.

**É possível um exu ser capturado e preso por entidades trevosas dos magos negros?**
Sim, isso existe.

**Que mensagem o senhor gostaria de passar ao mundo físico?**
Darei uma mensagem e vamos encerrar por aqui, tudo bem?

Sim, concordo com o senhor e sinto seu desconforto. Pode falar.

Em época alguma da Terra tivemos tantos núcleos representando legitimamente os tribunais dos carmas localizados em esferas maiores.

O momento do planeta é mesmo decisivo, pois a hora é de acertos e interferência nas rotas humanas. Seja na política, na religião ou em quaisquer atividades humanas, é hora de fechar ciclos e abrir novos e mais aprimorados modelos de progresso para a humanidade.

Temos em nossas mãos ordens e decretos avalizados pelas autoridades dessa casa planetária para serem executados com a máxima urgência, desde contas pessoais até processos de justiça coletiva.

Quem deseja, nesse contexto, tirar o melhor proveito de suas provas e fazer algo que, de fato, possa significar um passo na sua evolução, e que esteja vinculado à sua essência espiritual, deverá se associar, mentalmente e com assiduidade, às falanges de protetores, Guardiões e Exus, com o objetivo de absorver o astral de seu mapa pessoal, guardado na sensibilidade do coração.

Não dar atenção a esse fenômeno espiritual que alcança toda a população encarnada e desencarnada nesse planeta é sobrecarregar-se com lamentáveis e sofríveis acontecimentos que podem turvar a visão a respeito de seu próprio destino.

# FICHA TÉCNICA

**TÍTULO**
Guardiões do carma:
A missão dos exus na terra

**AUTOR**
Espírito Pai João de Angola
Psicografia de Wanderley Oliveira

**EDIÇÃO**
1ª

**ISBN**
978-85-63365-92-7

**CAPA**
Lucas William

**PROJETO GRÁFICO E DIAGRAMAÇÃO**
Lucas William

**REVISÃO DA DIAGRAMAÇÃO**
Nilma Helena

**PREPARAÇÃO DE ORIGINAIS**
Maria José e Nilma Helena

**REVISÃO ORTOGRÁFICA**
Camila de Felice e Nilma Helena

**COMPOSIÇÃO**
Adobe Indesign CC 2017
(plataforma Windows 7)

**PÁGINAS**
290

**TAMANHO**
Miolo: 16 x 23 cm
Capa: 53 x 23 cm

**TIPOGRAFIA**
Texto: Avenir Next LT Pro Reg, 12 pts
Títulos: Avenir Next LT Pro Demi C.,
60pts, 53 pts, 48 pts
Notas de rodapé: Minion Pro Reg, 9 pts

**MARGENS**
22 mm; 25 mm; 25 mm; 22 mm
(superior; inferior; interna; externa)

**PAPEL**
Miolo em Offset LD FSC 75g g/m²
Capa em Cartão Supremo LD FSC
250 g/m²

**CORES**
Miolo: 1x1 CMYK
Capa: 4x0 CMYK

**ACABAMENTO**
Miolo: Brochura, cadernos de 32
páginas, costurados e colados.
Capa com laminação Soft Touch

**IMPRESSÃO**
Formato (Belo Horizonte/MG)

**TIRAGEM**
1000 exemplares

**PRODUÇÃO**
Agosto / 2022

# NOSSAS PUBLICAÇÕES

## SÉRIE REFLEXÕES DIÁRIAS

### PARA SENTIR DEUS

Nos momentos atuais da humanidade sentimos extrema necessidade da presença de Deus. Ermance Dufaux resgata, para cada um, múltiplas formas de contato com Ele, de como senti-Lo em nossas vidas, nas circunstâncias que nos cercam e nos semelhantes que dividem conosco a jornada reencarnatória. Ver, ouvir e sentir Deus em tudo e em todos.

Wanderley Oliveira | Ermance Dufaux
11 x 15,5 cm | 133 páginas

Somente

### LIÇÕES PARA O AUTOAMOR

Mensagens de estímulo na conquista do perdão, da aceitação e do amor a si mesmo. Um convite à maravilhosa jornada do autoconhecimento que nos conduzirá a tomar posse de nossa herança divina.

Wanderley Oliveira | Ermance Dufaux
11 x 15,5 cm | 128 páginas

Somente

### RECEITAS PARA A ALMA

Mensagens de conforto e esperança, com pequenos lembretes sobre a aplicação do Evangelho para o dia a dia. Um conjunto de propostas que se constituem em verdadeiros remédios para nossas almas.

Wanderley Oliveira | Ermance Dufaux
11 x 15,5 cm | 146 páginas

Somente

## SÉRIE CULTO NO LAR

### VIBRAÇÕES DE PAZ EM FAMÍLIA

Quando a família se reúne para orar, ou mesmo um de seus componetes, o ambiente do lar melhora muito. As preces são emissões poderosas de energia que promovem a iluminação interior. A oração em família traz paz e fortalece, protege e ampara a cada um que se prepara para a jornada terrena rumo à superação de todos os desafios.

Wanderley Oliveira | Ermance Dufaux
16 x 23 cm | 212 páginas

### JESUS - A INSPIRAÇÃO DAS RELAÇÕES LUMINOSAS

Após o sucesso de "Emoções que curam", o espírito Ermance Dufaux retorna com um novo livro baseado nos ensinamentos do Cristo, destacando que o autoamor é a garantia mais sólida para a construção de relacionamentos luminosos.

Wanderley Oliveira | Ermance Dufaux
16 x 23 cm | 304 páginas

### REGENERAÇÃO - EM HARMONIA COM O PAI

Nos dias em que a Terra passa por transformações fundamentais, ampliando suas condições na direção de se tornar um mundo regenerado, é necessário desenvolvermos uma harmonia inabalável para aproveitar as lições que esses dias nos proporcionam por meio das nossas decisões e das nossas escolhas, [...].

Samuel Gomes | Diversos Espíritos
14 x 21 cm | 223 páginas

### AMOROSIDADE - A CURA DA FERIDA DO ABANDONO

Uma das mais conhecidas prisões emocionais na atualidade é a dor do abandono, a sensação de desamparo. Essa lesão na alma responde por larga soma de aflições em todos os continentes do mundo. Não há quem não esteja carente de ser protegido e acolhido, amado e incentivado nas lutas de cada dia.

Wanderley Oliveira | Ermance Dufaux
16 x 23 cm | 300 páginas

# TRILOGIA DESAFIOS DA CONVIVÊNCIA

### QUEM SABE PODE MUITO. QUEM AMA PODE MAIS

A lição central desta obra é mostrar que o conhecimento nem sempre é suficiente para garantir a presença do amor nas relações. "Estar informado é a primeira etapa. Ser transformado é a etapa da maioridade." - Eurípedes Barsanulfo.

Wanderley Oliveira | José Mário
16 x 23 cm | 312 páginas

### QUEM PERDOA LIBERTA - ROMPER OS FIOS DA MÁGOA ATRAVÉS DA MISERICÓRDIA

Continuação do livro "QUEM SABE PODE MUITO. QUEM AMA PODE MAIS" dando sequência à trilogia "Desafios da Convivência".

Wanderley Oliveira | José Mário
16 x 23 cm | 320 páginas

### SERVIDORES DA LUZ NA TRANSIÇÃO PLANETÁRIA

Nesta obra recebemos o convite para nos integrar nas fileiras dos Servidores da Luz, atuando de forma consciente diante dos desafios da transição planetária. Brilhante fechamento da trilogia.

Wanderley Oliveira | José Mário
14x21 cm | 298 páginas

 ## SÉRIE HARMONIA INTERIOR

### LAÇOS DE AFETO - CAMINHOS DO AMOR NA CONVIVÊNCIA

Uma abordagem sobre a importância do afeto em nossos relacionamentos para o crescimento espiritual. São textos baseados no dia a dia de nossas experiências. Um estímulo ao aprendizado mais proveitoso e harmonioso na convivência humana.

Wanderley Oliveira | Ermance Dufaux
16 x 23 cm | 312 páginas

### MEREÇA SER FELIZ - SUPERANDO AS ILUSÕES DO ORGULHO

Um estudo psicológico sobre o orgulho e sua influência em nossa caminhada espiritual. Ermance Dufaux considera essa doença moral como um dos mais fortes obstáculos à nossa felicidade, porque nos leva à ilusão.

Wanderley Oliveira | Ermance Dufaux
16 x 23 cm | 296 páginas

### TERAPIAS DO ESPÍRITO

Integra saberes espirituais e terapias integrais em uma abordagem inovadora que promove o autoconhecimento, o reequilíbrio energético e a cura integral do Ser.

Dalton Eloy | 16 x 23 cm | 290 páginas

 ESPANHOL

### REFORMA ÍNTIMA SEM MARTÍRIO - AUTOTRANSFORMAÇÃO COM LEVEZA E ESPERANÇA

As ações em favor do aperfeiçoamento espiritual dependem de uma relação pacífica com nossas imperfeições. Como gerenciar a vida íntima sem adicionar o sofrimento e sem entrar em conflito consigo mesmo?

Wanderley Oliveira | Ermance Dufaux
16 x 23 cm | 288 páginas

 ESPANHOL | INGLÊS

### ESCUTANDO SENTIMENTOS - A ATITUDE DE AMAR-NOS COMO MERECEMOS

Ermance afirma que temos dado passos importantes no amor ao próximo, mas nem sempre sabemos como cuidar de nós, tratando-nos com culpas, medos e outros sentimentos que não colaboram para nossa felicidade.

Wanderley Oliveira | Ermance Dufaux
16 x 23 cm | 256 páginas

 ESPANHOL

### PRAZER DE VIVER - CONQUISTA DE QUEM CULTIVA A FÉ E A ESPERANÇA

Neste livro, Ermance Dufaux, com seus ensinos, nos auxilia a pensar caminhos para alcançar nossas metas existenciais, a fim de que as nossas reencarnações sejam melhor vividas e aproveitadas.

Wanderley Oliveira | Ermance Dufaux
16 x 23 cm | 248 páginas

### DIFERENÇAS NÃO SÃO DEFEITOS - A RIQUEZA DA DIVERSIDADE NAS RELAÇÕES HUMANAS

Ninguém será exatamente como gostaríamos que fosse. Quando aprendemos a conviver bem com os diferentes e suas diferenças, a vida fica bem mais leve. Aprenda esse grande SEGREDO e conquiste sua liberdade pessoal.

Wanderley Oliveira | Ermance Dufaux
16 x 22,5 cm | 248 páginas

**EMOÇÕES QUE CURAM - CULPA, RAIVA E MEDO COMO FORÇAS DE LIBERTAÇÃO**

Um convite para aceitarmos as emoções como forma terapêutica de viver, sintonizando o pensamento com a realidade e com o desenvolvimento da autoaceitação.

Wanderley Oliveira | Ermance Dufaux
16 x 23 cm | 272 páginas

## SÉRIE AUTOCONHECIMENTO

**QUAL A MEDIDA DO SEU AMOR?**

Propõe revermos nossa forma de amar, pois estamos mais próximos de uma visão particularista do que de uma vivência autêntica desse sentimento. Superar limites, cultivar relações saudáveis e vencer barreiras emocionais são alguns dos exercícios na construção desse novo olhar.

Wanderley Oliveira | Ermance Dufaux
16 x 23 cm | 208 páginas

**APAIXONE-SE POR VOCÊ**

Você já ouviu alguém dizer para outra pessoa: "minha vida é você"?
Enquanto o eixo de sua sustentação psicológica for outra pessoa, a sua vida estará sempre ameaçada, pois o medo da perda vai rondar seus passos a cada minuto.

Wanderley Oliveira
16 x 23 cm | 152 páginas

**DESCOMPLIQUE, SEJA LEVE**

Um livro de mensagens para apoiar sua caminhada na aquisição de uma vida mais suave e rica de alegrias na convivência.

Wanderley Oliveira
16 x 23 cm | 238 páginas

## A VERDADE ALÉM DAS APARÊNCIAS - O UNIVERSO INTERIOR

Liberte-se da ansiedade e da angústia, direcionando o seu espírito para o único tempo que realmente importa: o presente. Nele você pode construir um novo olhar, amplo e consciente, que levará você a enxergar a verdade além das aparências.

Samuel Gomes
14 x 21 cm | 272 páginas

## 7 CAMINHOS PARA O AUTOAMOR

O tema central dessa obra é o autoamor que, na concepção dos educadores espirituais, tem na autoestima o campo elementar para seu desenvolvimento. O autoamor é algo inato, herança divina, enquanto a autoestima é o serviço laborioso e paciente de resgatar essa força interior, ao longo do caminho de volta à casa do Pai.

Wanderley Oliveira | Pai João de Angola
16 x 23 cm | 272 páginas

## FALA, PRETO VELHO

Um roteiro de autoproteção energética através do autoamor. Os textos aqui desenvolvidos permitem construir nossa proteção interior por meio de condutas amorosas e posturas mentais positivas, para criação de um ambiente energético protetor ao redor de nossas vidas.

Wanderley Oliveira | Pai João de Angola
16 x 23 cm | 291 páginas

## DEPRESSÃO E AUTOCONHECIMENTO - COMO EXTRAIR PRECIOSAS LIÇÕES DESSA DOR

A proposta de tratamento complementar da depressão aqui abordada tem como foco a educação para lidar com nossa dor, que muito antes de ser mental, é moral.

Wanderley Oliveira
16 x 23 cm | 235 páginas

## A REDENÇÃO DE UM EXILADO

A obra traz informações sobre a formação da civilização, nos primórdios da Terra, que contou com a ajuda do exílio de milhões de espíritos mandados para cá para conquistar sua recuperação moral e auxiliar no desenvolvimento das raças e da civilização. É uma narrativa do Apóstolo Lucas, que foi um desses enviados, e que venceu suas dificuldades íntimas para seguir no trabalho orientado pelo Cristo.

Samuel Gomes | Lucas
16 x 23 cm | 368 páginas

### CONECTE-SE A VOCÊ - O ENCONTRO DE UMA NOVA MENTALIDADE QUE TRANSFORMARÁ A SUA VIDA

Este livro vai te estimular na busca de quem você é verdadeiramente. Com leitura de fácil assimilação, ele é uma viagem a um país desconhecido que, pouco a pouco, revela características e peculiaridades que o ajudarão a encontrar novos caminhos. Para esta viagem, você deve estar conectado a sua essência. A partir daí, tudo que você fizer o levará ao encontro do propósito que Deus estabeleceu para sua vida espiritual.

Rodrigo Ferretti
16 x 23 cm | 256 páginas

## TRILOGIA REGENERAÇÃO

### FUTURO ESPIRITUAL DA TERRA

As necessidades, as estruturas perispirituais e neuropsíquicas, o trabalho, o tempo, as características sociais e os próprios recursos de natureza material se tornarão bem mais sutis. O futuro já está em construção e André Luiz, através da psicografia de Samuel Gomes, conta como será o Futuro Espiritual da Terra.

Samuel Gomes | André Luiz
16 x 23 cm | 344 páginas

### XEQUE-MATE NAS SOMBRAS - A VITÓRIA DA LUZ

André Luiz traz notícias das atividades que as colônias espirituais, ao redor da Terra, estão realizando para resgatar os espíritos que se encontram perdidos nas trevas e conduzi-los a passar por um filtro de valores, seja para receberem recursos visando a melhorar suas qualidades morais – se tiverem condições de continuar no orbe – seja para encaminhá-los ao degredo planetário.

Samuel Gomes | André Luiz
16 x 23 cm | 212 páginas

### A DECISÃO - CRISTOS PLANETÁRIOS DEFINEM O FUTURO ESPIRITUAL DA TERRA

"Os Cristos Planetários do Sistema Solar e de outros sistemas se encontram para decidir sobre o futuro da Terra na sua fase de regeneração. Numa reunião que pode ser considerada, na atualidade, uma das mais importantes para a humanidade terrestre, Jesus faz um pronunciamento direto sobre as diretrizes estabelecidas por Ele para este período."

Samuel Gomes | André Luiz e Chico Xavier
16 x 23 cm | 210 páginas

# ESTUDOS DOUTRINÁRIOS

### ATITUDE DE AMOR

Opúsculo contendo a palestra "Atitude de Amor" de Bezerra de Menezes, o debate com Eurípedes Barsanulfo sobre o período da maioridade do Espiritismo e as orientações sobre o "movimento atitude de amor". Por uma efetiva renovação pela educação moral.

Wanderley Oliveira | Ermance Dufaux e Cícero Pereira
14 x 21 cm | 94 páginas

### SEARA BENDITA

Um convite à reflexão sobre a urgência de novas posturas e conceitos. As mudanças a adotar em favor da construção de um movimento social capaz de cooperar com eficácia na espiritualização da humanidade.

Wanderley Oliveira e Maria José Costa | Diversos Espíritos
14 x 21 cm | 284 páginas

Gratuito em nosso site, somente em:

### NOTÍCIAS DE CHICO

"Nesta obra, Chico Xavier afirma com seu otimismo natural que a Terra caminha para uma regeneração de acordo com os projetos de Jesus, a caracterizar-se pela tolerância humana recíproca e que precisamos fazer a nossa parte no concerto projetado pelo Orientador Maior, principalmente porque ainda não assumimos responsabilidades mais expressivas na sustentação das propostas elevadas que dizem respeito ao futuro do nosso planeta."

Samuel Gomes | Chico Xavier
16 x 23 cm | 181 páginas

### EVANGELHO SEGUNDO O ESPIRITISMO

Explicação dos ensinos morais de Jesus à luz do Espiritismo, com comentários e instruções dos espíritos para aplicação prática nas experiências do dia a dia.

Allan Kardec | Espírito da Verdade
16 x 23 cm | 416 páginas

### MEDICAÇÕES ESPIRITUAIS

Um convite à cura da alma por meio do autoconhecimento, da espiritualidade e da vocação. Reflexões profundas sobre o propósito da vida e a transformação interior.

Luis Petraca | Espírito Frei Fabiano de Cristo
16 x 23 cm | 252 páginas

##  ROMANCES MEDIÚNICOS

### OS DRAGÕES - O DIAMANTE NO LODO NÃO DEIXA DE SER DIAMANTE

Um relato leve e comovente sobre nossos vínculos com os grupos de espíritos que integram as organizações do mal no submundo astral.

Wanderley Oliveira | Maria Modesto Cravo
16 x 23cm | 522 páginas

### LÍRIOS DE ESPERANÇA

Ermance Dufaux alerta os espíritas e lidadores do bem de um modo geral, para as responsabilidades urgentes da renovação interior e da prática do amor neste momento de transição evolutiva, através de novos modelos de relação, como orientam os benfeitores espirituais.

Wanderley Oliveira | Ermance Dufaux
16 x 23 cm | 508 páginas

### AMOR ALÉM DE TUDO

Regras para seguir e rótulos para sustentar. Até quando viveremos sob o peso dessas ilusões? Nessa obra reveladora, Dr. Inácio Ferreira nos convida a conhecer a verdade acima das aparências. Um novo caminho para aqueles que buscam respeito às diferenças e o AMOR ALÉM DE TUDO.

Wanderley Oliveira | Inácio Ferreira
16 x 23 cm | 252 páginas

### ABRAÇO DE PAI JOÃO

Pai João de Angola retorna com conceitos simples e práticos, sobre os problemas gerados pela carência afetiva. Um romance com casos repletos de lutas, desafios e superações. Esperança para que permaneçamos no processo de resgate das potências divinas de nosso espírito.

Wanderley Oliveira | Pai João de Angola
16 x 23 cm | 224 páginas

### UM ENCONTRO COM PAI JOÃO

A obra também fala do valor de uma terapia, da necessidade do autoconhecimento, dos tipos de casamentos programados antes do reencarne, dos processos obsessivos de variados graus e do amparo de Deus para nossas vidas por meio dos amigos espirituais e seus trabalhadores encarnados. Narra também em detalhes a dinâmica das atividades socorristas do centro espírita.

Wanderley Oliveira | Pai João de Angola
16 x 23 cm | 220 páginas

### O LADO OCULTO DA TRANSIÇÃO PLANETÁRIA

O espírito Maria Modesto Cravo aborda os bastidores da transição planetária com casos conectados ao astral da Terra.

Wanderley Oliveira | Maria Modesto Cravo
16 x 23 cm | 288 páginas

### PERDÃO - A CHAVE PARA A LIBERDADE

Neste romance revelador, conhecemos Onofre, um pai que enfrenta a perda de seu único filho com apenas oito anos de idade. Diante do luto e diversas frustrações, um processo desafiador de autoconhecimento o convida a enxergar a vida com um novo olhar. Será essa a chave para a sua libertação?

Adriana Machado | Ezequiel
14 x 21 cm | 288 páginas

### 1/3 DA VIDA - ENQUANTO O CORPO DORME A ALMA DESPERTA

A atividade noturna fora da matéria representa um terço da vida no corpo físico, e é considerada por nós como o período mais rico em espiritualidade, oportunidade e esperança.

Wanderley Oliveira | Ermance Dufaux
16 x 23 cm | 279 páginas

### NEM TUDO É CARMA, MAS TUDO É ESCOLHA

Somos todos agentes ativos das experiências que vivenciamos e não há injustiças ou acasos em cada um dos aprendizados.

Adriana Machado | Ezequiel
16 x 23 cm | 536 páginas

### REENCONTRO DE ALMAS

Entre encontros espirituais e reencontros marcados pelo amor, o romance revela as escolhas, renúncias e resgates de almas destinadas a se encontrarem novamente através dos séculos.

Alcir Tonoli | Espírito Milena
16 x 23 cm | 280 páginas

### RETRATOS DA VIDA - AS CONSEQUÊNCIAS DO DESCOMPROMETIMENTO AFETIVO

Túlio costumava abstrair-se da realidade, sempre se imaginando pintando um quadro; mais especificamente pintando o rosto de uma mulher. Vivendo com Dora um casamento já frio e distante, uma terrível e insuportável dor se abate sobre sua vida. A dor era tanta que Túlio precisou buscar dentro de sua alma uma resposta para todas as suas angústias. A partir de lembranças se desenrola a história de Túlio através de suas experiências reencarnatórias.

Clotilde Fascioni
16 x 23 cm | 175 páginas

### O PREÇO DE UM PERDÃO - AS VIDAS DE DANIEL

Daniel se apaixona perdidamente e, por várias vidas, é capaz de fazer qualquer coisa para alcançar o objetivo de concretizar o seu amor. Mas suas atitudes, por mais verdadeiras que sejam, o afastam cada vez mais desse objetivo. É quando a vida o para.

André Figueiredo e Fernanda Sicuro | Espírito Bruno
16 x 23 cm | 333 páginas

# ROMANCE JUVENIL

### UM JOVEM OBSESSOR - A FORÇA DO AMOR NA REDENÇÃO ESPIRITUAL

Um jovem conta sua história, compartilhando seus problemas após a morte, falando sobre relacionamentos, sexo, drogas e, sobretudo, da força do amor na redenção espiritual.

Adriana Machado | Jefferson
16 x 23 cm | 392 páginas

### UM JOVEM MÉDIUM - CORAGEM E SUPERAÇÃO PELA FORÇA DA FÉ

A mediunidade é um canal de acesso às questões de vidas passadas que ainda precisam ser resolvidas. O livro conta a história do jovem Alexandre que, com sua mediunidade, se torna o intermediário entre as histórias de vidas passadas daqueles que o rodeiam tanto no plano físico quanto no plano espiritual.
Surpresos com o dom mediúnico do menino, os pais, de formação Católica, se veem às voltas com as questões espirituais que o filho querido traz para o seio da família.

Adriana Machado | Ezequiel
16 x 23 cm | 365 páginas

### RECONSTRUA SUA FAMÍLIA - CONSIDERAÇÕES PARA O PÓS-PANDEMIA

Vivemos dias de definição, onde nada mais será como antes. Necessário redefinir e ampliar o conceito de família. Isso pode evitar muitos conflitos nas interações pessoais. O autoconhecimento seguido de reforma íntima será o único caminho para transformação do ser humano, das famílias, das sociedades e da humanidade.

Dr. Américo Canhoto
16 x 23 cm | 237 páginas

# TRILOGIA ESPÍRITOS DO BEM

### GUARDIÕES DO CARMA - A MISSÃO DOS EXUS NA TERRA

Pai João de Angola quebra com o preconceito criado em torno dos exus e mostra que a missão deles na Terra vai além do que conhecemos. Na verdade, eles atuam como guardiões do carma, nos ajudando nos principais aspectos de nossas vidas.

Wanderley Oliveira | Pai João de Angola
16 x 23 cm | 288 páginas

### GUARDIÃS DO AMOR - A MISSÃO DAS POMBAGIRAS NA TERRA

"São um exemplo de amor incondicional e de grandeza da alma. São mães dos deserdados e angustiados. São educadoras e desenvolvedoras do sagrado feminino, e nesse aspecto são capazes de ampliar, nos homens e nas mulheres, muitas conquistas que abrem portas para um mundo mais humanizado, [...]".

Wanderley Oliveira | Pai João de Angola
16 x 23 cm | 232 páginas

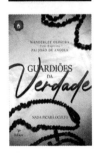

### GUARDIÕES DA VERDADE - NADA FICARÁ OCULTO

Neste momento de batalhas decisivas rumo aos tempos da regeneração, esta obra é um alerta que destaca a importância da autenticidade nas relações humanas e da conduta ética como bases para uma forma transparente de viver. A partir de agora, nada ficará oculto, pois a Verdade é o único caminho que aguarda a humanidade para diluir o mal e se estabelecer na realidade que rege o universo.

Wanderley Oliveira | Pai João de Angola
16 x 23 cm | 236 páginas

## TRILOGIA CONSCIÊNCIA DESPERTA

**SAIA DO CONTROLE - UM DIÁLOGO TERAPÊUTICO E LIBERTADOR ENTRE A MENTE E A CONSCIÊNCIA**

Agimos de forma instintiva por não saber observar os pensamentos e emoções que direcionam nossas ações de forma condicionada. Por meio de uma observação atenta e consciente, identificando o domínio da mente em nossas vidas, passamos a viver conscientes das forças internas que nos regem.

Rossano Sobrinho
16 x 23 cm | 264 páginas

**LIBERTE-SE DA SUA MENTE**

Um guia de autoconhecimento e meditações que conduz o leitor à superação de padrões mentais e emocionais, promovendo equilíbrio, paz interior e despertar espiritual.

Rossano Sobrinho
16 x 23 cm | 218 páginas

## SÉRIE FAMÍLIA E ESPIRITUALIDADE

**ESCOLHA VIVER**

Relatos reais de espíritos que enfrentaram o suicídio e encontraram no amor, na espiritualidade e na esperança um novo caminho para seguir e reconstruir suas jornadas.

Wanderley Oliveira | Espírito Ebert Morales
16 x 23 cm | 188 páginas